deutsch.kompetent

Stundenblätter

Andreas Steinhöfel: Rico, Oskar und die Tieferschatten

Erarbeitet von:
Felicitas Hampel

Ernst Klett Verlag
Stuttgart · Leipzig

Intention

Die Stundenblätter zu Andreas Steinhöfels „Rico, Oskar und die Tieferschatten" sind für die Jahrgangsstufen 5 und 6 konzipiert. Konzeption und Thema entsprechen den Interessen der Schülerinnen und Schüler: Sie eröffnen neben den traditionellen Unterrichtsverfahren der Erschließung handlungs- und produktionsorientierte Zugänge zu diesem beliebten Kinderbuch. Der Fokus liegt auf dem übergreifenden Ziel des Deutschunterrichts, Lesefreude und -motivation der Schüler zu fördern, was vor allem über die lebendige Auseinandersetzung mit dem Text gelingen kann.

Integratives Arbeiten steht im Mittelpunkt: Vor dem thematischen Hintergrund der Lektüre werden zentrale jahrgangsspezifische Inhalte der Kompetenzbereiche aufgegriffen und mit kreativen Ansätzen verknüpft. Die Stundenblätter liefern gestalterische und informierende Schreibaufgaben auf der Grundlage des Textes sowie Aufträge, die auf die Erweiterung des sprachlichen Repertoires durch die mündliche Interaktion mit einer Partnerin, einem Partner bzw. in der Gruppe und auf die konkrete Wortschatzarbeit abzielen. Im Sinne eines anregenden Unterrichts kommt dabei dem Wechsel der Sozialformen und der Vielfalt der methodischen Verfahren ein besonderer Stellenwert zu.

Aufbau

Die gesamte Unterrichtseinheit umfasst acht Module mit insgesamt 21 Kopiervorlagen und zwei Klassenarbeitsvorschlägen. Sie gliedert sich in drei Teile:

Kopiervorlagen

Die Kopiervorlagen sind sofort im Unterricht einsetzbar und ermöglichen eine kompetenzorientierte Erschließung im oben ausgeführten Sinne.

Analyse und Interpretation

Auf zwei Seiten finden sich Informationen zum Buch (Autor/Inhalt/Figurenkonstellation/Sprache und Stil/Zeit- und Raumgestaltung/Themen und Motive) für einen kompakten Überblick.

Kommentare und Lösungen

Dieser Teil bietet einen schnellen Zugriff auf die Ergebnisse der Kopiervorlagen. Zu sämtlichen Modulen finden sich hier Ausführungen zur Intention der Kopiervorlagen und didaktische Hinweise.

Wege der Behandlung der Ganzschrift

Eingangs weisen zwei Übersichten über die Unterrichtseinheit (Maximal-/Minimalplan) auf unterschiedliche Wege der Behandlung der Ganzschrift im Unterricht hin. Beide erleichtern die Passung der Erschließung an die zur Verfügung stehende Unterrichtszeit.

Der Maximalplan präsentiert das Gesamtpaket an obligatorischen und fakultativen Kopiervorlagen. Letztere erlauben eine Ausweitung und Vertiefung der Thematik. Der Minimalplan umfasst die obligatorischen Kopiervorlagen, sodass eine sinnvolle Auseinandersetzung mit dem Text gewährleistet ist.

Alle Kopiervorlagen finden sich auch auf www.klett.de (Eingabe des Online-Codes in das Suchfenster) als PDF oder als veränderbare Word-Datei, sodass sie den individuellen Gegebenheiten angepasst werden können.

Wir wünschen Ihnen viel Erfolg in Ihrem Unterricht!

Kopiervorlagen

Analyse und Interpretation

Kommentare und Lösungen

Übersicht über die Unterrichtseinheit (Maximalplan)

Modul	Thema	Material	Kompetenzen	Sozialform	Zeitbedarf
1	**Zugänge**	KV 1.1: „Rico, Oskar und die Tieferschatten“ – Was das Cover verrät (obligatorisch)	- Erwartungen formulieren - Assoziationen zum Titel - Titelbild beschreiben - Klappentext lesen	Unterrichtsgespräch Einzelarbeit Blitzlichtmethode	1 Stunde (= 45 min)
		KV 1.2: Eine Geschichte erzählen (fakultativ)	- Erwartungen formulieren - möglichen Handlungsverlauf skizzieren	Unterrichtsgespräch Partnerarbeit	1 Stunde (= 45 min)
2	**Häusliche Lektürephase**	KV 2.1: Ricos Ferientagebuch (obligatorisch)	- Inhaltsübersicht erstellen - Textverständnis entwickeln - Leseeindrücke festhalten - ein eigenes Cover gestalten	Einzelarbeit	14 Tage
3	**Überprüfung der Textkenntnisse**	KV 3.1: Weißt du Bescheid? (fakultativ)	- Textverständnis überprüfen	Unterrichtsgespräch Einzelarbeit	1 Stunde (= 45 min)
4	**Rico und Oskar kennenlernen**	KV 4.1: Rico stellt sich vor (obligatorisch)	- Hörspiel und Romanausschnitt vergleichen - Fragen an den Protagonisten formulieren - eine Mindmap erstellen - eine Rollenbiografie verfassen	Unterrichtsgespräch Einzelarbeit Partnerarbeit	2 Stunden (= 90 min)
		KV 4.2: Überraschender Besuch (fakultativ)	- Charaktereigenschaften anhand von Textstellen erfassen - Erzähltext in eine Szene umschreiben - Textausschnitt szenisch darstellen	Unterrichtsgespräch Partnerarbeit szenisches Spiel	2 Stunden (= 90 min)
		KV 4.3: Tief- und Hochbegabung (obligatorisch)	- Sachtext erschließen - Filmtrailer analysieren	Unterrichtsgespräch Einzelarbeit Fünf-Gang-Lesemethode Partnerarbeit	1 Stunde (= 45 min)
5	**In Ricos Welt**	KV 5.1: In der Dieffe 93 (obligatorisch)	- Informationen aus dem Text heraussuchen - Steckbriefe erstellen	Unterrichtsgespräch Gruppenarbeit Gruppenpuzzle-Methode Partnerarbeit	2 Stunden (= 90 min)
		KV 5.2: Rico und die anderen (fakultativ)	- Beziehungen zwischen Personen grafisch darstellen	Unterrichtsgespräch Partnerarbeit	2 Stunden (= 90 min)
		KV 5.3: Beste Freunde (obligatorisch)	- Bedeutung von Freundschaften klären - Textstellen untersuchen und mit eigenen Vorstellungen vergleichen	Unterrichtsgespräch Gruppenarbeit Schreibgespräch	1 Stunde (= 45 min)
		KV 5.4: Respekt gegenüber Kindern? (fakultativ)	- eine Textstelle untersuchen - innere Handlung untersuchen	Unterrichtsgespräch Gruppenarbeit Standbild-Methode	1 Stunde (= 45 min)

Modul	Thema	Material	Kompetenzen	Sozialform	Zeitbedarf
6	**Dem Täter auf der Spur**	KV 6.1: Die Suche nach dem Täter (obligatorisch)	- Handlungsverlauf skizzieren	Unterrichtsgespräch Gruppenarbeit Partnerarbeit	1 Stunde (= 45 min)
		KV 6.2: Der neue Nachbar (obligatorisch)	- Charakter einer Figur erschließen - Vergleich Hörspiel und Roman	Unterrichtsgespräch Einzelarbeit	2 Stunden (= 90 min)
		KV 6.3: Mister 2000 (fakultativ)	- eine eigene Nachrichtensendung erstellen	Unterrichtsgespräch Gruppenarbeit	2 Stunden (= 90 min)
		KV 6.4: Wo ist Oskar? (obligatorisch)	- Vergleich Hörspiel und Roman - Spannungsaufbau untersuchen - Monolog verfassen	Unterrichtsgespräch Einzelarbeit Partnerarbeit	2 Stunden (= 90 min)
		KV 6.5: Die Rettung (obligatorisch)	- einen Bericht schreiben	Unterrichtsgespräch Einzelarbeit Arbeitstechnik: Textlupe	2 Stunden (= 90 min)
7	**Rico im Kino**	KV 7.1: Vom Romanhelden zum Kinohelden (obligatorisch)	- Vergleich Schauspieler und Romanfiguren - filmische Umsetzung diskutieren	Unterrichtsgespräch	1 Stunde (= 45 min)
		KV 7.2: Der gleiche Rico in Buch und Film? (fakultativ)	- Szenen der Romanhandlung zuordnen - eine Szene mit dem Roman vergleichen	Unterrichtsgespräch Gruppenarbeit	1 Stunde (= 45 min)
		KV 7.3: Wie die Kamera Rico und Oskar darstellt (fakultativ)	- eine Szene analysieren - die Kameraperspektive und -einstellung untersuchen	Unterrichtsgespräch Einzelarbeit	1 Stunde (= 45 min)
8	**Rezeption und Wirkung**	KV 8.1: Den Autor kennenlernen (obligatorisch)	- Leben und Werk des Autors kennenlernen - einen Brief an den Autor verfassen	Unterrichtsgespräch Gruppenarbeit Einzelarbeit	1 Stunde (= 45 min)
		KV 8.2: Wie die „Tieferschatten“ wirken … (fakultativ)	- Wirkung des Romans untersuchen	Unterrichtsgespräch Einzelarbeit Partnerarbeit Methode: Schreibkonferenz	2 Stunden (= 90 min)

Übersicht über die Unterrichtseinheit (Minimalplan)

Modul	Thema	Material	Kompetenzen	Sozialform	Zeitbedarf
1	**Zugänge**	KV 1.1: „Rico, Oskar und die Tieferschatten" – Was das Cover verrät	- Erwartungen formulieren - Assoziationen zum Titel - Titelbild beschreiben - Klappentext lesen	Unterrichtsgespräch Einzelarbeit Blitzlichtmethode	1 Stunde (= 45 min)
2	**Häusliche Lektürephase**	KV 2.1: Ricos Ferientagebuch	- Inhaltsübersicht erstellen - Textverständnis entwickeln - Leseeindrücke festhalten - ein eigenes Cover gestalten	Einzelarbeit	14 Tage
4	**Rico und Oskar kennenlernen**	KV 4.1: Rico stellt sich vor	- Hörspiel und Romanausschnitt vergleichen - Fragen an den Protagonisten formulieren - eine Mindmap erstellen - eine Rollenbiografie verfassen	Unterrichtsgespräch Einzelarbeit Partnerarbeit	2 Stunden (= 90 min)
		KV 4.3: Tief- und Hochbegabung	- Sachtext erschließen - Filmtrailer analysieren	Unterrichtsgespräch Einzelarbeit Fünf-Gang-Lesemethode Partnerarbeit	1 Stunde (= 45 min)
5	**In Ricos Welt**	KV 5.1: In der Dieffe 93	- Informationen aus dem Text heraussuchen - Steckbriefe erstellen	Unterrichtsgespräch Gruppenarbeit Gruppenpuzzle-Methode Partnerarbeit	2 Stunden (= 90 min)
		KV 5.3: Beste Freunde	- Bedeutung von Freundschaften klären - Textstellen untersuchen und mit eigenen Vorstellungen vergleichen	Unterrichtsgespräch Gruppenarbeit Schreibgespräch	1 Stunde (= 45 min)
6	**Dem Täter auf der Spur**	KV 6.1: Die Suche nach dem Täter	- Handlungsverlauf skizzieren	Unterrichtsgespräch Gruppenarbeit Partnerarbeit	1 Stunde (= 45 min)
		KV 6.2: Der neue Nachbar	- Charakter einer Figur erschließen - Vergleich Hörspiel und Roman	Unterrichtsgespräch Einzelarbeit	2 Stunden (= 90 min)
		KV 6.4: Wo ist Oskar?	- Vergleich Hörspiel und Roman - Spannungsaufbau untersuchen - Monolog verfassen	Unterrichtsgespräch Einzelarbeit Partnerarbeit	2 Stunden (= 90 min)
		KV 6.5: Die Rettung	- einen Bericht schreiben	Unterrichtsgespräch Einzelarbeit Arbeitstechnik: Textlupe	2 Stunden (= 90 min)
7	**Rico im Kino**	KV 7.1: Vom Romanhelden zum Kinohelden	- Vergleich Schauspieler und Romanfiguren - filmische Umsetzung diskutieren	Unterrichtsgespräch	1 Stunde (= 45 min)
8	**Rezeption und Wirkung**	KV 8.1: Den Autor kennenlernen	- Leben und Werk des Autors kennenlernen - einen Brief an den Autor verfassen	Unterrichtsgespräch Gruppenarbeit Einzelarbeit	1 Stunde (= 45 min)

„Rico, Oskar und die Tieferschatten" – Was das Cover verrät (Seite 1/1)

1 Sieh dir das Cover zu Andreas Steinhöfels Roman „Rico, Oskar und die Tieferschatten" an.
- Notiere drei spontane Gedanken, die dir dazu einfallen.
- Diskutiert und vergleicht eure Ergebnisse.

2 Beschreibe das Bild auf dem Cover genau.

3 Überlegt, was der Titel des Romans und das Bild auf dem Cover gemeinsam haben.

4 Lies den Klappentext auf der Rückseite des Buches.
- Erkläre, welche Funktion dieser Text erfüllt.

- Formuliere zentrale Themen, die anhand des Klappentextes im Roman eine wichtige Rolle spielen könnten. Vergleiche sie mit deinen ersten Gedanken aus Aufgabe 1.

Name:
Klasse / Datum:

Eine Geschichte erzählen (Seite 1/1)

1 Das Buch enthält viele Illustrationen von Peter Schössow. Ihr findet Zeichnungen auf den Seiten 3 und 5 und jeweils zu Beginn eines Kapitels (Seite 7, 27, 47, 55, 71, 93, 115, 135, 161, 181, 195 und 213). Erzählt mithilfe der Bilder eine eigene Geschichte, indem ihr mit eurem Partner sechs Bilder auswählt und die Handlung in ein bis zwei Sätzen beschreibt.

Bild Seite ______________________________

____

____

Bild Seite ______________________________

____

____

Bild Seite ______________________________

____

____

Bild Seite ______________________________

____

____

Bild Seite ______________________________

____

____

Bild Seite ______________________________

____

____

2 Zeichnet selbst ein Bild, das zu eurer Geschichte passt. Verwendet dazu ein zusätzliches Blatt.

3 Tauscht euch in der Klasse aus. Sammelt an der Tafel Übereinstimmungen und Unterschiede eurer Geschichten. Diskutiert, welche Geschichten euch besonders gut gefallen haben.

____

____

____

Name:

Klasse / Datum:

Ricos Ferientagebuch (Seite 1/2)

Du hast Zeit, den Roman „Rico, Oskar und die Tieferschatten“ von Andreas Steinhöfel vom __________ bis zum __________ zu lesen. Erledige in dieser Zeit die folgenden Aufgaben.

1 Rico soll in den Ferien eine Art Tagebuch führen und seine Erlebnisse aufschreiben. Hilf ihm dabei und schreibe auf, was er an den einzelnen Tagen erlebt. Ergänze dabei die Tabelle.

Figuren	Handlung
Samstag	
Sonntag	
Montag	
Dienstag	
Mittwoch	
Donnerstag	

Name:

Klasse / Datum:

Ricos Ferientagebuch (Seite 2/2)

2 Beschreibe deine Leseeindrücke, indem du folgende Sätze beendest. Begründe deine Eindrücke.

Die beste Stelle im Buch war …

Besonders spannend und interessant war …

Es hat mir nicht gefallen, als …

Ich würde gern mehr erfahren über …

3 Entscheide dich für eine Aussage und beende den Satz.

Ich würde das Buch weiterempfehlen, weil … *Ich würde das Buch nicht weiterempfehlen, weil …*

4 Mit dem Cover von „Rico, Oskar und die Tieferschatten" hast du dich bereits beschäftigt. Gestalte auf einem zusätzlichen Blatt ein eigenes Cover für das Buch.

5 Entwirf ein Rätsel zum Roman (Quiz, Kreuzworträtsel, Wortsalat, …), um später überprüfen zu können, wie gut deine Mitschüler das Buch gelesen haben.

Name:

Klasse / Datum:

Weißt du Bescheid? (Seite 1/2)

1 Fülle das Kreuzworträtsel aus. Bringe die Buchstaben aus den markierten Feldern in die richtige Reihenfolge und du erhältst das Lösungswort (ä=ae, ö=oe, ü=ue).

Waagerecht

1. Welche Aufgabe erhält Rico über die Sommerferien?
3. Auf was freut sich Rico am meisten, wenn er Frau Dahling besucht?
5. Was gerät bei Rico oft durcheinander?
7. Wo wird Oskar gefangen gehalten?
8. Wie lautet Ricos Nachname?
10. Was trägt Oskar auf dem Kopf?
12. In welchem Viertel in Berlin wohnt Rico?
13. Was bringt Rico auf die richtige Spur?
14. In wen ist Rico ein bisschen verliebt?
15. Wie heißt der neue Hausbewohner?

Senkrecht

2. Wovor fürchtet sich Rico?
4. Wen bittet Rico um Hilfe?
6. Wie heißt der Hausmeister?
9. Wer ist Mister 2000?
11. Was findet Rico vor der Dieffe 93 auf dem Boden?

Lösungswort:

Name:

Klasse / Datum:

Weißt du Bescheid? (Seite 2/2)

2 Kreuze an, ob die Aussagen wahr oder falsch sind. Verbessere die falschen Aussagen.

	wahr	falsch
1. Ricos Vater ertrank im Meer.		
2. Am liebsten schauen Rico und Frau Dahling zusammen Horrorfilme an.		
3. Ein Flügel von der großen Tür zum Hinterhof klemmt.		
4. Langeweile soll das „graue Gefühl“ sein.		
5. Oskar hat alle Schließdienste Berlins aus dem Telefonbuch herausgeschrieben.		
6. Ricos Mutter gewinnt beim Bingo immer schöne Ledertaschen.		
7. Frau Dahling mag Ulf Brauscher.		
8. Sophia trägt auf dem Foto ein hellblaues T-Shirt mit einem Erdbeersoßenfleck.		

3 In diesem Wortsalat findest du alle Hausbewohner der Dieffe 93.
Die Wörter sind waagerecht, senkrecht, diagonal und rückwärts versteckt. Markiere sie farbig.

A	R	U	N	G	E	B	L	A	W	E	T	Z	K	Y	V	B
F	I	P	U	Z	B	L	I	H	L	I	M	M	M	C	Y	N
I	S	A	I	U	I	M	A	S	S	O	U	D	Y	S	S	K
T	T	S	D	W	U	S	N	E	X	K	A	O	R	I	A	I
L	R	Z	O	A	H	E	G	U	R	H	O	T	O	W	O	J
E	E	U	R	L	M	I	C	B	L	T	M	I	N	E	R	U
A	B	J	E	B	A	K	D	I	I	E	M	L	N	S	E	L
T	N	O	T	O	S	R	N	E	S	M	M	O	M	T	J	E
D	O	N	T	U	S	G	A	K	C	R	S	E	E	B	A	N
K	B	D	I	R	B	E	H	T	I	R	E	A	M	U	C	O
E	E	I	R	X	J	L	L	S	O	E	N	F	I	E	I	B
S	V	E	Z	N	U	S	C	E	T	O	S	K	F	H	N	Z
S	L	R	K	A	R	R	A	M	A	A	M	L	R	L	A	H
L	O	T	U	B	B	S	I	W	N	D	A	A	I	T	N	P
E	A	H	O	J	A	E	N	G	J	C	R	R	A	N	A	Z
R	S	N	I	A	T	K	F	I	T	Z	K	E	N	Z	G	R
E	I	O	G	A	G	I	O	P	K	B	N	M	L	P	A	S

4 Du möchtest noch mehr üben und deine Textkenntnis überprüfen? Im Internet kannst du ein Lesequiz finden, oder du löst das Rätsel, das dein Banknachbar in KV 2.1 erstellt hat.

Name:

Klasse / Datum:

Rico stellt sich vor (Seite 1/2)

1 Hört euch den Anfang des Hörspiels zum Roman „Rico, Oskar und die Tieferschatten“ an.

– Schreibe auf, was du im Hörspiel über Rico erfährst.

– Vergleicht den Anfang des Hörspiels mit dem Beginn des Romans (Seite 9–14).
Arbeitet gemeinsam mit einem Partner. Notiert Gemeinsamkeiten und Unterschiede.

Hörspiel	Roman
Gemeinsamkeiten	
Unterschiede	

2 Stell dir vor, du bist Oskar und hast Rico heute zum ersten Mal getroffen.

– Formuliere Fragen, die du ihm stellen würdest.

– Tausche dich mit deinem Banknachbarn aus. Versucht die Fragen gegenseitig aus Ricos Sicht zu beantworten.

Name:

Klasse / Datum:

Rico stellt sich vor (Seite 2/2)

3 Im Laufe des Romans erfährst du mehr über Rico. Erstelle eine Mindmap.

- Sammelt in der Klasse alle wichtigen Informationen, die euch zu Rico einfallen.
- Formuliert nun verschiedene Bereiche, denen ihr die Informationen zuordnen könnt.
- Erstelle die Mindmap zu Rico. Schreibe Ricos Namen in die Mitte. Zeichne um die Mitte herum die Äste mit den Bereichen und ordne die gesammelten Informationen zu, indem du die Äste weiter aufgliederst. Verwende unterschiedliche Farben.

Eine Mindmap anfertigen

Mit einer Gedankenlandkarte kann man Informationen und Gedanken ordnen.

Vorbereiten: Notiere alle Wörter zu einem Thema. Ordne sie dann in verschiedene Bereiche und sortiere zu jedem Bereich mehrere Begriffe.

Anfertigen: Schreibe das Thema in die Mitte. Ziehe davon Äste mit den Bereichen. Die Äste verzweigen sich dann mit den verschiedenen Begriffen.

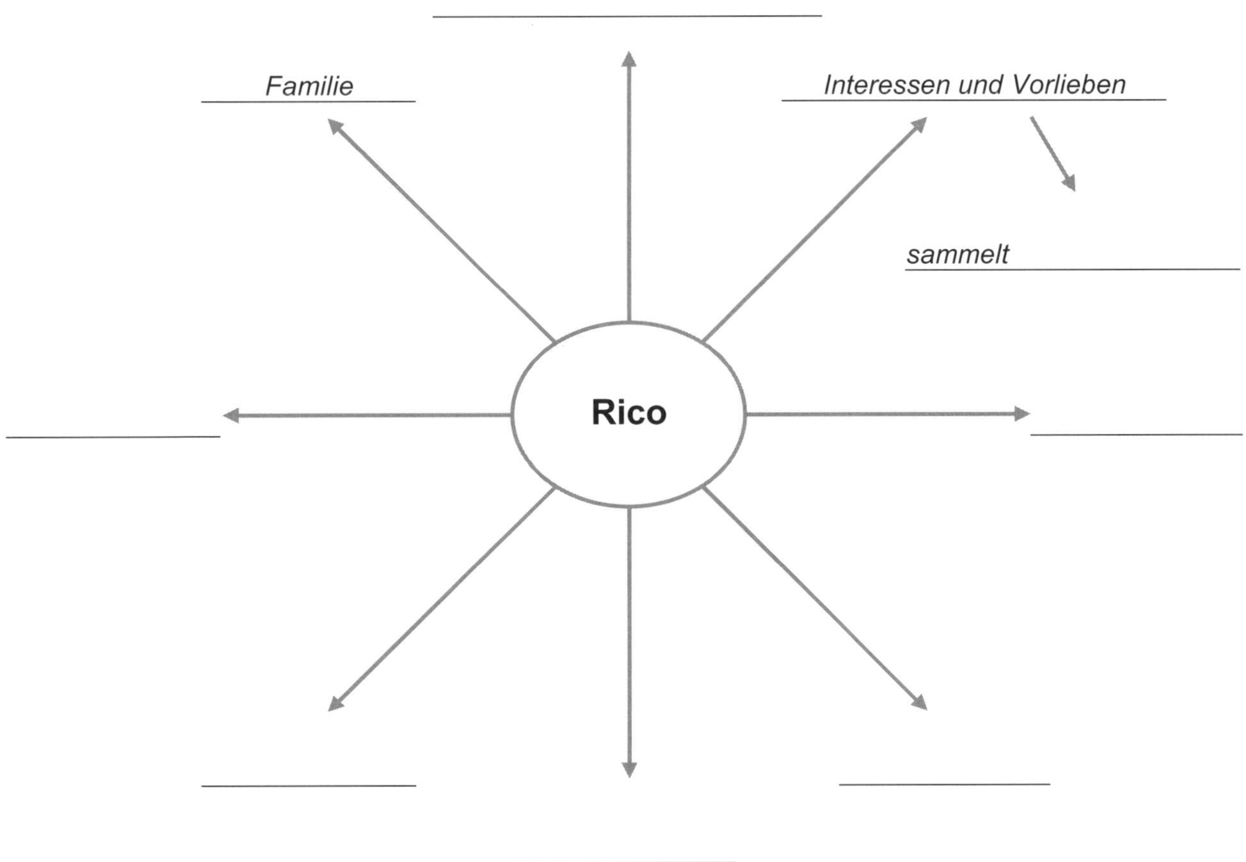

4 Schreibe eine Rollenbiografie aus Ricos Sicht. Verwende zur Unterstützung deine erstellte Mindmap. Schreibe auf einem zusätzlichen Blatt.

Name:

Klasse / Datum:

Überraschender Besuch (Seite 1/2)

1 Zwei Tage nach ihrem ersten Treffen besucht Oskar Rico. Dabei lernt er auch Ricos Mama kennen. Lest die Textstelle im Buch auf den Seiten 64 bis 67 in verteilten Rollen.

2 Rico kommt kaum zu Wort, als sich Mama und Oskar das erste Mal begegnen. Untersuche das Gespräch genauer.
- Arbeitet mit einem Partner. Legt fest, wer Ricos Mama und wer Oskar näher untersucht. Fertigt zu eurer Figur eine Rollenkarte an.

Rollenkarte Ricos Mama

Name: ______________________________

Aussehen: ______________________________

____

Was tut die Person gerade? ______________________________

____

Was sagt die Person sinngemäß? ______________________________

____

Was denkt die Person? ______________________________

____

Was fühlt die Person? ______________________________

____

Rollenkarte Oskar

Name: ______________________________

Aussehen: ______________________________

____

Was tut die Person gerade? ______________________________

____

Was sagt die Person sinngemäß? ______________________________

____

Was denkt die Person? ______________________________

____

Was fühlt die Person? ______________________________

____

- Tauscht euch mit eurem Partner aus. Ergänzt die zweite Rollenkarte.
- Vergleicht eure Ergebnisse in der Klasse.

Name:

Klasse / Datum:

Überraschender Besuch (Seite 2/2)

3 Diskutiert, wie sich Rico in dieser Situation fühlt. Schreibt treffende Adjektive auf.

____

____

____

____

____

4 Gestaltet das Gespräch zwischen Ricos Mama und Oskar als szenischen Text.
- Arbeitet mit einem Partner. Schreibt den Erzähltext um. Beachtet die Box. Verwendet ein zusätzliches Blatt.
- Probt eure Szenen und tragt sie vor der Klasse vor.

Einen Erzähltext in eine Szene umschreiben

Um eine Szene spielen zu können, braucht ihr zunächst einen Text, der wie ein Theaterstück nur aus Dialogen und Regieanweisungen besteht.
Beachtet beim Umschreiben eines Erzähltextes in eine Szene folgende Punkte:
- Streicht Stellen, an denen der Erzähler etwas ausführlich beschreibt.
- Behaltet die wörtliche Rede bei.
- Schreibt indirekte Rede in wörtliche Rede um.
- Drückt das Handeln der Figuren, ihre Stimmung und Sprechweise in kurzen Regieanweisungen stichwortartig aus.

In einer Szene wird die wörtliche Rede ohne Anführungszeichen geschrieben. Die Regieanweisungen werden meist *kursiv* gedruckt, bei Schreibschrift eingeklammert.

5 Im Roman verlässt Ricos Mama mit den Worten „Ich brauch neue Fußnägel“ die Küche.
Stellt euch vor, sie würde bleiben.
Wie könnte das Gespräch dann weitergehen? Setzt mit eurem Partner den Dialog zwischen Ricos Mama und Oskar als szenischen Text fort.

6 Präsentiert die entstandenen Szenen.
- Probt eure Dialoge und führt sie vor der Klasse auf. Beachtet auch Mimik, Gestik und die Sprechweise der Figuren.
- Gebt euch Rückmeldungen. Beginnt immer mit dem, was euch gefallen hat. Gebt Tipps, was verbessert werden könnte.

Name:

Klasse / Datum:

Tief- und Hochbegabung (Seite 1/3)

1 Sucht den Trailer zum Kinofilm von „Rico, Oskar und die Tieferschatten“ und seht ihn euch an. Vergleicht die Personen Rico und Oskar. Achtet besonders auf den Ausdruck und die Körperhaltung.
– Tragt in der Tabelle ein, was euch auffällt.

Rico	Oskar

– Erklärt, weshalb sich beide Figuren so unterschiedlich verhalten.

2 Erarbeite folgenden Text mithilfe der Fünf-Gang-Lesemethode.

Die Fünf-Gang-Lesemethode

1. Überfliege den Text! → 2. Stelle Fragen! → 3. Lies gründlich! → 4. Fasse Wichtiges zusammen! → 5. Wiederhole!

– Fasse die Informationen des Textes zusammen. Wähle selbst zwischen folgenden Möglichkeiten: Gestalten einer Mindmap, Entwerfen eines Plakats, Vorbereiten eines Kurzvortrags.
– Präsentiere deine Zusammenfassung. Vergleicht eure Produkte.

Hochbegabung bei Kindern

Der Begriff „Hochbegabung“ bezieht sich – anders als beispielsweise die Verwendung des Begriffs „Talent“ – auf rein intellektuelle Fähigkeiten. Hochbegabten Kindern werden im Allgemeinen eine besonders hohe Intelligenz und damit eine herausragende Denk- und Problemlösungsfähigkeit bescheinigt. Sie verfügen in der Regel über eine gute Lernfähigkeit, eine schnelle Auffassungsgabe und außerordentliche Gedächtnisleistungen. In ihrer geistigen Entwicklung sind hochbegabte Kinder anderen Kindern ihres Jahrgangs oftmals um Jahre voraus.
Genauer gesagt: Hochbegabte Kinder verfügen über das Potential zu außergewöhnlichen Leistungen. Ob sie diese Leistungen auch tatsächlich erbringen, hängt von der jeweiligen Förderung und den Bedingungen des Umfeldes ab, in dem die Kinder aufwachsen. Hochbegabung ist nicht automatisch gleichzusetzen mit außergewöhnlicher Leistung. Insofern ist ein hochbegabtes Kind auch nicht immer einfach zu erkennen.
Eine gesicherte Aussage über vorhandene oder nicht vorhandene Hochbegabung liefert allein ein Intelligenztest. In der Intelligenz-Forschung gilt ein Kind nur dann als hochbegabt, wenn es in entsprechenden Tests einen Wert von über 130 Punkten erreicht bzw. einen Prozentrang von 98.
Das bedeutet, dass etwa 2 Prozent der Kinder eines Jahrgangs intellektuell hochbegabt sind. Die Zahl der überdurchschnittlich intelligenten Kinder – also mit einem IQ-Wert

Name:

Klasse / Datum:

Tief- und Hochbegabung (Seite 2/3)

zwischen 115 und 130 – liegt bei etwa 15 Prozent.

Auch besonders begabte Kinder sind in ihrem Verhalten und ihren Vorlieben sehr unterschiedlich. Es gibt also kein standardisiertes Verhaltensmuster eines hochbegabten Kindes. Allerdings gibt es einige typische Merkmale, die auf eine Hochbegabung schließen lassen:

- Entwicklungsphasen können übersprungen werden oder stark verkürzt sein, z. B. statt krabbeln sofort laufen. Viele Kinder beginnen sehr früh, deutlich und differenziert zu sprechen. Außerdem neigen die Kinder dazu, besonders ihre starken Bereiche weiter auszubauen. So verfügen sie oftmals über eine herausragende Sprechfähigkeit, welche sie gern zum Diskutieren verwenden, um motorische Fähigkeiten mit den Händen nicht ausüben zu müssen. Bereits in sehr jungen Jahren ist die Neugierde stark ausgeprägt. Durch ständiges Hinterfragen bauen sich hochbegabte Kinder ein umfassendes Detailwissen auf. Dabei verfügen sie über eine schnelle Auffassungs- und Kombinationsgabe.
- Das Lernverhalten hochbegabter Kinder ist durch frühe Lese- und Rechenleistungen geprägt […].
- Im sozialen Bereich weisen hochbegabte Kinder oft Schwächen auf. Sie sind gern unabhängig. Es fällt ihnen schwer, sich einer Gruppe unterzuordnen. Durch den Entwicklungsfortschritt im Vergleich zu Gleichaltrigen sind die Kinder häufig unbeliebt und werden ausgeschlossen. Gegenüber Autoritäten verhalten sie sich meist kritisch und hinterfragen Anweisungen. Oft wird das Verhalten als respektlos eingestuft.

Natürlich treffen nicht alle Merkmale gleichzeitig auf ein einzelnes Kind zu. Verfügt ein Kind aber über einige dieser Aspekte, ist die Absicherung mithilfe eines Intelligenztests ratsam.

Aus: http://www.hochbegabten-homepage.de/hochbegabung_bei_kindern.html. Letzter Zugriff: 07.07.2014, Autorin: Dr. Birgit Oschmann

3 Arbeite mit deinem Partner. Schreibt auf, welche Merkmale der Hochbegabung auf Oskar zutreffen. Sucht passende Textstellen heraus.

Merkmal	Textstelle

4 Schaut euch den Filmtrailer erneut an.

- Besprecht, inwieweit Oskars Hochbegabung im Trailer deutlich wird.

© Ernst Klett Verlag GmbH, Stuttgart 2015 | www.klett.de | ISBN 978-3-12-316194-0

Name:

Klasse / Datum:

In der Dieffe 93 (Seite 1/3)

1 Besprecht, welche Figuren aus dem Roman „Rico, Oskar und die Tieferschatten“ ihr bereits kennt.

____

____

____

____

____

2 In der Dieffe 93 gibt es zehn Wohnungen. Im Roman auf den Seiten 14 bis 17 erzählt Rico von ihnen. Lasst euch den Ausschnitt vorlesen und ergänzt das Schema richtig.

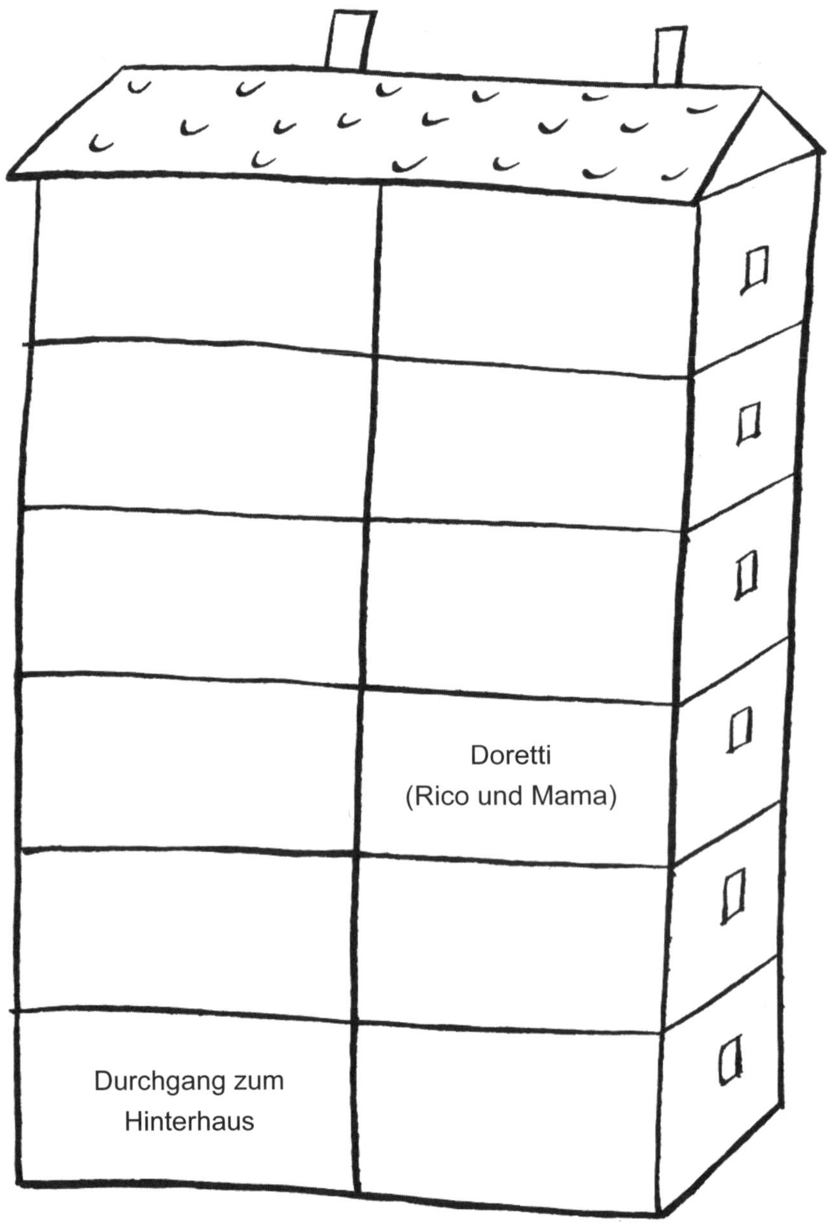

Name:

Klasse / Datum:

In der Dieffe 93 (Seite 2/3)

3 Wenn sich Rico langweilt, klingelt er gern bei seinen Nachbarn, um sich deren Wohnung anzusehen. Informiert euch ebenfalls über die Hausbewohner. Nutzt die Gruppenpuzzle-Methode.

In der Stammgruppe

- Bildet Gruppen mit jeweils vier Schülern. Tauscht aus, was ihr bereits über folgende Nachbarn Ricos wisst: Frau Dahling, Herr Kiesling, Herr Fitzke, Herr Mommsen.
- Teilt jedem Gruppenmitglied einen dieser vier Hausbewohner zu.

In der Expertengruppe

- Bildet neue Expertengruppen, die sich jeweils intensiver mit einem der Hausbewohner beschäftigen.
- Informiert euch über euren Hausbewohner. Lest dazu die entsprechenden Textstellen im Roman und macht euch Notizen. Jeder arbeitet zuerst allein. Anschließend tragt ihr eure Ergebnisse zusammen.

Frau Dahling: Seiten 9–10, 38–40	**Herr Kiesling:** Seiten 140, 145	**Herr Fitzke:** Seiten 11, 23, 219	**Herr Mommsen:** Seiten 106, 113

- Tauscht eure Ergebnisse aus und ergänzt gemeinsam den Steckbrief auf der dritten Seite dieser Kopiervorlage.

In der Stammgruppe

- Wechselt zurück in die Stammgruppen. Informiert eure Gruppenmitglieder über die Hausbewohner, indem ihr den Steckbrief vorstellt.

4 Entscheide dich für einen der vier Hausbewohner und stelle ihn dir so gut wie möglich vor. Überlege dir eine Situation und versuche, einen typischen Gesichtsausdruck in dieser Situation nachzuahmen. Lasse zuerst deine Banknachbarin/deinen Banknachbarn raten. Gebt euch gegenseitig Tipps.

5 Veranstaltet ein Spiel in eurer Klasse. Stellt nacheinander die Gesichtsausdrücke dar. Die anderen Schüler erraten, welche Hausbewohner ihr darstellen wollt.

Name:

Klasse / Datum:

In der Dieffe 93 (Seite 3/3)

Steckbrief

Zeichne ein passendes Bild.

Name: ______________________

Wohnort: ______________________

Familie: ______________________

____

Äußere Merkmale: ______________________

____

____

____

____

Charaktereigenschaften: ______________________

____

____

____

Fähigkeiten/Talente: ______________________

____

____

Aktuelle Situation: ______________________

____

____

Name:

Klasse / Datum:

Rico und die anderen (Seite 1/1)

1 Schreibe alle Figuren auf, die es im Roman „Rico, Oskar und die Tieferschatten“ gibt.

____

____

____

____

- Vergleicht eure Ergebnisse in der Klasse. Wem sind die meisten Figuren eingefallen?
- Schreibt die Namen aller Figuren einzeln auf Karteikarten, die ihr an die Tafel heftet.

2 Lest den Romanausschnitt auf den Seiten 60 bis 62.
- Diskutiert, welche Beziehungen zwischen den drei Figuren deutlich werden. Stelle sie grafisch dar.

- Suche einen weiteren Textausschnitt, der die Beziehungen zwischen den Figuren gut darstellt. Lies ihn der Klasse vor.

3 Untersucht die Figurenkonstellation im Roman.
- Sortiert die Figurenkarten an der Tafel sinnvoll und überlegt, welche Verbindungen zwischen den Personen eindeutig sind. Stellt diese mithilfe von Pfeilen dar.
- Entwerft eine sinnvolle Legende, die die Figurenbeziehungen durch die unterschiedlichen Pfeile und Symbole, die ihr verwendet, treffend erklärt.
- Ergänzt weitere Pfeile und Symbole zwischen den Figuren bis eine übersichtliche Figurenkonstellation entstanden ist.
- Übernimm die Figurenkonstellation auf ein zusätzliches Blatt.

4 Arbeitet mit einem Partner und erklärt euch die Figurenkonstellation des Romans mithilfe der Übersicht gegenseitig.

5 Wählt gemeinsam ein Figurenpaar aus.
- Stellt euch vor, die Paare würden über die jeweils andere Figur nachdenken. Schreibe einen inneren Monolog aus Sicht deiner Figur, wenn sie über die andere Person nachdenkt.
- Lest euch eure Texte gegenseitig vor.

Name:

Klasse / Datum:

Beste Freunde (Seite 1/1)

1 „Freundschaft bedeutet für mich …"
- Schreibe den Satzanfang auf einen Zettel und beende den Satz.
- Heftet alle Zettel an die Tafel. Vergleicht die Sätze und diskutiert die Ergebnisse.

2 Rico ist sich nicht sicher, ob Oskar ein echter Freund ist.
- Lest den Romanausschnitt auf den Seiten 89 bis 90 gemeinsam.
- Erklärt Ricos Vorstellung von Freundschaft.
- Arbeitet mit einem Partner. Führt ein Schreibgespräch auf einem zusätzlichen Blatt.

Das Schreibgespräch

Bei einem **Schreibgespräch** „unterhalten" sich die Partner schriftlich miteinander. Verwendet ein leeres Blatt und schreibt die Überschrift oben in die Mitte. Schreibt nun abwechselnd auf, was euch dazu einfällt. Nehmt aufeinander Bezug, sodass ein flüssiger Text entsteht. Achtet darauf, dass absolute Stille herrscht und ihr nicht miteinander sprecht.

- Wertet in der Klasse aus, zu welchen Ergebnissen eure „Gespräche" gekommen sind.

3 Auf Ricos Frage, ob die Jungen nun Freunde sind, antwortet Oskar „Sind wir das nicht schon die ganze Zeit?".
- Nennt weitere Textstellen im Roman, die die Freundschaft zwischen Rico und Oskar darstellen.

____

____

____

____

____

- Erläutert eine Situation, die euch zwischen Rico und Oskar besonders gut gefallen hat.

4 Sucht im Internet das Titellied zum Kinofilm „Rico, Oskar und die Tieferschatten" „Mein Kopf spielt Bingo" und hört euch das Lied gemeinsam an.
- Erklärt, inwiefern das Lied Ricos Leben gut beschreibt.

____

____

____

- Diskutiert, weshalb es sich bei diesem Lied auch um einen Text über Freundschaft handelt.

Name:

Klasse / Datum:

Respekt gegenüber Kindern (Seite 1/2)

1 „Ich lasse mich nicht unhöflich behandeln, nur weil ich ein Kind bin."
- Habt ihr schon einmal eine Situation erlebt, in der ihr diesen Satz am liebsten gesagt hättet? Erzählt davon und schreibt eure Meinung zu diesem Zitat auf.

- Vergleicht eure Auffassungen.
- Ordnet das Zitat in den Roman „Rico, Oskar und die Tieferschatten" ein. Überlegt, wer es gesagt haben könnte und an welche Stelle im Roman es passen würde.

2 Sucht den zum Zitat passenden Textausschnitt und lest ihn mit verteilten Rollen.

3 Untersuche die innere Handlung des Textausschnitts. Beachte die Hinweise in der Box auf der nächsten Seite.
- Suche Textstellen, in denen du etwas über die innere Handlung der drei Personen erfährst.
- Erstelle eine Stimmungskurve Oskars.

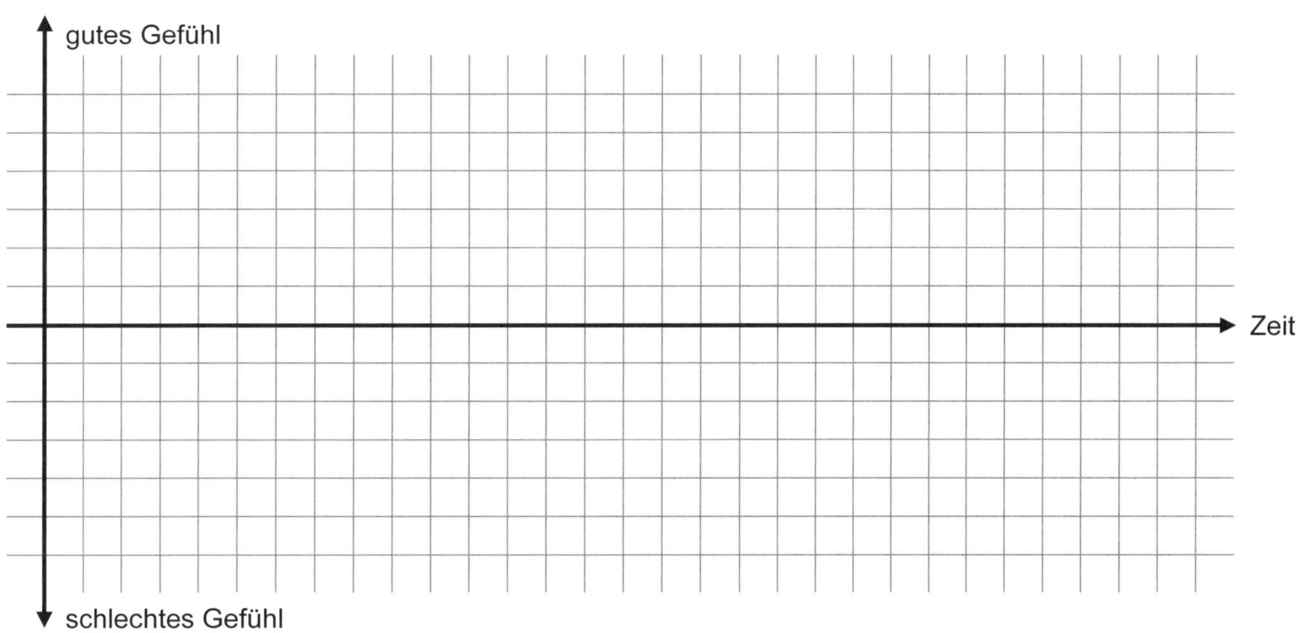

Name:

Klasse / Datum:

Respekt gegenüber Kindern (Seite 2/2)

Die innere Handlung untersuchen

1. Innere Handlung erkennen:
   Suche Abschnitte, in denen du etwas über die Gedanken und Gefühle der Figuren erfährst: direkte Beschreibung durch den Erzähler, Äußerungen der Figuren, Verhalten der Figuren.
2. Stimmungskurve erstellen:
   - Zeichne ein Koordinatensystem mit folgenden Angaben: x-Achse = Zeit; y-Achse mit entgegengesetzten Polen, z. B. unten: schlechtes Gefühl, oben: gutes Gefühl.
   - Mache dir klar, welches Gefühl zu einem bestimmten Zeitpunkt in der Figur vorherrscht, und trage es in das Koordinatensystem ein. Wiederhole diesen Schritt für alle wichtigen Abschnitte des Textausschnitts.
   - Verbinde alle Punkte zu einer Kurve.
   - Du kannst auch Textstellen, die die Stimmung belegen, einfügen.

4 Diskutiert, ob die drei Figuren angemessen reagiert haben. Schreibe die Ergebnisse auf.

____

____

____

____

5 Baut ein Standbild und wertet es aus. Beachtet die Hinweise in der Box.
- Bildet Gruppen mit jeweils vier Schülern. Bestimmt den Standbildbauer und die Darsteller.
- Stellt den Konflikt zwischen Rico, Oskar und Fitzke in einem Standbild dar.
- Präsentiert euer Standbild der Klasse.
- Betrachtet das Standbild eurer Mitschüler genau. Beschreibt die Darstellung und nennt mögliche Verbesserungen.

Ein Standbild bauen und auswerten

1. Bestimmt Standbildbauer und Darsteller.
2. Der Standbildbauer spricht nicht, sondern formt die Darsteller wie Puppen, bis sie seiner Deutung des Textausschnitts entsprechen.
3. Anschließend beschreibt er die dargestellte Situation: Was geschieht? Wo und wann findet die Szene statt? Wer sind die Figuren, was machen und denken sie gerade? In welchem Verhältnis stehen sie zueinander?
4. Die Beobachter bewerten und berichtigen die Aussagen. Sie beobachten besonders: Wer steht/sitzt/liegt wo? Wer sieht wen an? Welchen Abstand haben die Figuren zueinander? Durch welche Gestik, Mimik und Körperhaltung werden die Beziehungen der Figuren und die Situation ausgedrückt?
5. Danach werden Veränderungen vorgenommen, bis die beste Lösung gefunden ist.

Klett
© Ernst Klett Verlag GmbH, Stuttgart 2015 | www.klett.de | ISBN 978-3-12-316194-0

Name:

Klasse / Datum:

Die Suche nach dem Täter (Seite 1/1)

1 „Plötzlich wusste ich alles. Also gut, fast alles. Auf jeden Fall wusste ich, was ich nun tun musste.“ (Seite 180)

Nachdem Oskar entführt wurde, macht sich Rico auf die Suche nach seinem Freund und dessen Entführer. Begebt euch ebenfalls auf die Suche nach Mister 2000 und sammelt Indizien, die ihr im Roman findet.

- Bildet drei Gruppen, damit ihr den Täter schneller findet.
- Lest die entsprechenden Textausschnitte. Macht euch Notizen zu den Hinweisen, die ihr findet.
- Macht eine Skizze zum Indiz.

Gruppe 1: das rote Flugzeug	**Gruppe 2: Marrak und Bühl**	**Gruppe 3: Tieferschatten**
Seiten 33, 40/41, 113/114, 134, 154–156	Seiten 83, 87, 107/108, 169–171	Seiten 44–46, 154–156, 179/180

Skizze Indiz

- Jede Gruppe stellt ihre Ergebnisse vor.
- Fasst zusammen und erklärt, welche Hinweise Rico auf die richtige Spur bringen.

2 Ricos erster Anruf beim Notruf, nachdem er den Bühl verdächtigt hatte, geht schief. Da er nun genaue Hinweise hat und weiß, wer der Täter ist, versucht er es erneut.

- Arbeitet mit einem Partner. Notiert, was Rico unbedingt sagen muss, wenn er den Notruf absetzt.

- Entwerft das Telefonat auf einem gesonderten Blatt und spielt es der Klasse vor.
- Hört euch die Telefonate an. Überlegt, welche Telefongespräche erfolgreich sein könnten. Macht Verbesserungsvorschläge.

Name:

Klasse / Datum:

Der neue Nachbar (Seite 1/3)

1 Simon Westbühl ist der neue Hausbewohner in der Dieffe 93. Auch bei Rico und seiner Mama möchte er sich vorstellen. Lest den Text im Roman auf den Seiten 57 bis 62 in der Klasse.

2 Untersuche den Charakter von Simon Westbühl anhand des Textausschnitts.
- Lies den Text erneut leise. Unterstreiche mit einer Farbe alle direkten Charakterisierungen. Wähle für die indirekte Charakterisierung eine andere Farbe. Mach dir Notizen rechts neben dem Text. Die Box unter dem Text hilft dir dabei.
- Vergleicht eure Ergebnisse.

Andreas Steinhöfel: Rico, Oskar und die Tieferschatten (Ausschnitt)

Den Mann vor der Tür hatte ich noch nie zuvor gesehen. Er war groß, schlank, hatte kurze schwarze Haare, krachblaue Augen und am Kinn eine kleine Narbe. Er sah aus wie ein Schauspieler.
„Guten Tag!“ Er lächelte und streckte mir die Hand entgegen. „Ich dachte, dass ich mich endlich mal vorstellen sollte. Bin ja schon vor ein paar Tagen eingezogen, oben im Vierten. Simon Westbühl.“
Ich gab keine Antwort. Ich starrte abwechselnd auf die Narbe an seinem Kinn und auf seine ausgestreckte Hand und wünschte mir, er hieße nur Bühl. Vor meinen Augen drehte sich eine kleine Kompassnadel wie wild im Kreis – Westen, Osten, Westen, Osten. Ich lief rot an und begann zu schwitzen. Das ist das Problem mit den Bingokugeln: Sie kullern einfach drauflos, ob es mir gerade passt oder nicht. Ich hörte sie förmlich gegen die Innenseite von meinem Schädel klackern.
Der Bühl lächelte freundlich weiter, aber in seinen Augen standen plötzlich zwei winzig kleine Fragezeichen, als hätte er noch nie einen fürchterlich schwitzenden Jungen gesehen. Seine Hand hing immer noch vor mir in der Luft. Er musste mich für komplett bekloppt halten. Ich beschloss, mich zusammenzureißen. Selbst für ein tiefbegabtes Kind ist ein Name mit einer einzigen Himmelsrichtung drin keine wirkliche Herausforderung.
„Issen da?“, rief Mama aus der Küche.
„Herr Ostbühl“, brüllte ich zurück. „Der Neue aus dem vierten Stock.“
Klack, klack, klacker-di-klack …
„Also, ich kann ja auch später noch mal …“, fing der Bühl an, und dann versickerte seine Stimme wie Regenwasser im April in einem Gully. Er guckte mit großen Augen über meine Schulter. Ich drehte mich um.
Mama war barfuß in den Flur getreten. […]
Der Bühl guckte ganz schnell an ihr rauf und runter, ohne den Kopf zu bewegen. Auf seinen Wangen waren rote Flecken erschienen. Wenn er jetzt noch anfing zu schwitzen, wären wir quitt.
„Moment noch“, sagte Mama, als wäre er bloß der Briefträger, und bog ins Bad ab. Wasser plätscherte. Man hörte sie gurgeln.
„Sie benutzt jetzt gerade Mundwasser“, flüsterte ich dem Bühl zu.
Er nickte freundlich und tat so, als sehe er sich in unserem schönen Flur um, aber zwischendrin guckte er mich schon wieder so komisch an. Sekunden später kam Mama aus dem Badezimmer […].
„'tschuldigung“, murmelte sie. Dann stand sie vor dem Bühl und packte endlich die ausgestreckte Hand. „Tanja Doretti.“ Sie lächelte. „Glaube ich wenigstens. Bin noch nicht ganz wach.“
„Simon Westbühl. Ich hoffe, ich habe Sie nicht –“

Name:
Klasse / Datum:

Der neue Nachbar (Seite 2/3)

„Haben Sie nicht.“ Sie drehte sich um und schlurfte auf die Küche zu. „Auch einen Kaffee?“, fragte sie über die Schulter. „Läuft gerade durch. Ohne bin ich nicht zu gebrauchen.“

[...] Er stapfte hinter Mama her in die Küche [...].

„Sind Sie verheiratet?“, sagte ich.

Er fing an zu grinsen und schüttelte den Kopf. Tadellose weiße Zähne.

„Haben Sie eine Freundin?“

„Rico!“, zischte Mama.

„Lassen Sie mal“, sagte der Bühl grinsend, schon wieder ohne den Blick von mir zu wenden. Die Frage beantwortete er nicht. Ich fand ihn trotzdem toll. [...]

„Wir gehen morgen Abend zum Kiezbingo“, sagte ich. „Bei den *Grauen Hummeln*. Wollen Sie mit?“

„Rico, ab auf dein Zimmer“, befahl mir Mama.

„Bitte!“

„Bingo?“, sagte der Bühl. „Das habe ich noch nie ... Ist das nicht was für Rentner?“

„Ja, aber es ist ein Platz frei geworden, weil neulich einer von ihnen gestorben ist. Hat bloß keiner bemerkt. Und Mama gewinnt fast immer, manchmal sogar mit meiner Karte!“ [...]

„Frederico!“, sagte Mama streng. „Abmarsch!“

Wenn sie meinen vollen Namen benutzt, wird es kritisch. Ich fragte mich, warum sie sich so hatte. Es wurde doch gerade erst richtig spannend zwischen ihr und dem Bühl, schließlich mussten die beiden noch Kaffee trinken und alles. [...]

Der Bühl guckte mich an, hob beide Hände, zuckte die Achseln und zog eine witzige Miene. Von dem war keine Hilfe zu erwarten. Wahrscheinlich war er selber ganz scharf darauf, mit Mama allein zu sein.

Aus: Andreas Steinhöfel: Rico, Oskar und die Tieferschatten. Hamburg: Carlsen Verlag 2008, S. 57 ff.

Den Charakter einer Figur erschließen

direkte Charakterisierung: Suche aus dem Text Beschreibungen oder Wertungen heraus, die dir die Figur selbst, eine andere Figur oder der Erzähler geben.

indirekte Charakterisierung: Leite Aussagen zu dem Wesen dieser Figur aus ihrem äußeren Erscheinungsbild, ihrem Verhalten oder ihrer inneren Einstellung (Interessen, Gedanken, Gefühle) ab.

3 Rico sitzt nun allein in seinem Zimmer und hört nichts von dem Gespräch zwischen Mama und dem Bühl. Das ärgert ihn sehr. Schreibe auf, was Rico in dieser Zeit denken könnte.

Klett

Name:

Klasse / Datum:

Der neue Nachbar (Seite 3/3)

4 Hört euch den passenden Auszug aus dem Hörspiel an. Notiere Gemeinsamkeiten und Unterschiede.

Roman	Hörspiel
Gemeinsamkeiten	
Unterschiede	

5 Hörspiel oder Roman? Was gefällt euch besser?
- Zeichnet mit Kreide einen waagerechten Doppelpfeil an die Tafel. Ergänzt in der Mitte einen senkrechten Strich.
- Schreibt an die rechte Seite des Pfeils „Roman“ und an die linke Seite „Hörspiel“.
- Positioniert euch auf der Meinungslinie. Begründet eure Position.

Hörspiel Roman

Name:

Klasse / Datum:

Mister 2000 (Seite 1/1)

1 Als Rico bei Frau Dahling zu Besuch ist, sieht er die Sondersendung im Fernsehen, in der über die Entführungsfälle des Mister 2000 berichtet wird. Besprecht, welche Informationen in dieser Sendung für den Zuschauer wichtig sind und wie sie dargestellt werden können.

2 Erarbeitet eine eigene Nachrichtensendung zu diesem Fall.
- Bildet Gruppen mit jeweils drei bis vier Schülern und überlegt, ob ihr eine Fernsehsendung oder einen Radiobeitrag machen wollt.
- Legt fest, welche Informationen für die Sendung wichtig sind. Schreibt sie auf und bringt sie in eine sinnvolle Reihenfolge.

____

____

____

____

____

____

____

____

- Formuliert den Text für eure Nachrichtensendung. Verwendet ein zusätzliches Blatt.
- Besprecht, welche zusätzlichen Hilfsmittel (Ton, Licht, Requisiten) ihr benötigt.
- Verteilt konkrete Aufgaben in der Gruppe: Wer ist der Nachrichtensprecher? Gibt es einen weiteren Sprecher? Wer ist zuständig für Licht und Ton?
- Übt die Darstellung eurer Nachrichtensendung.

3 Präsentiert alle Nachrichtensendungen vor der Klasse. Schätzt die Beiträge der anderen ein. Was hat euch gut gefallen? Was kann noch verbessert werden?

Achtet besonders auf die folgenden Kriterien:
- Vollständigkeit und Korrektheit der Informationen
- angemessener Ausdruck
- sinnvoller Einsatz von Hilfsmitteln (Ton, Licht, Requisiten)

____

____

____

____

4 Diskutiert, welche Nachrichten ihr im Fernsehen oder im Radio verfolgt und worauf ihr dabei achten müsst.

Name:

Klasse / Datum:

Wo ist Oskar? (Seite 1/2)

1 Rico hat herausgefunden, dass der Entführer Oskar im Hinterhaus versteckt hält. Sofort macht er sich allein auf, seinen Freund zu retten.
- Hört euch den Ausschnitt aus dem Hörspiel an.
- Beschreibt Ricos Weg zu Oskar.

- Erkläre, wie im Hörspiel Spannung erzeugt wird.

2 Lest gemeinsam den entsprechenden Romanausschnitt auf den Seiten 183 bis 190.
- Untersuche, wie in dem Text Spannung erzeugt wird. Fülle dazu die Tabelle aus.

Atmosphäre	Ricos Gefühle	sprachliche Besonderheiten

- Vergleiche deine Ergebnisse mit deinem Partner. Ergänzt gegebenenfalls.
- Beschreibe den Verlauf der Handlung mithilfe einer Spannungskurve. Vergleicht eure Kurven.

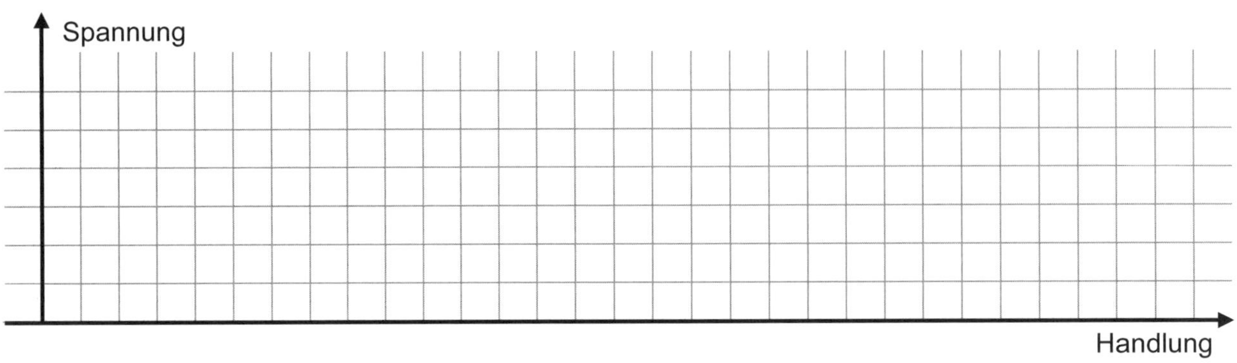

© Ernst Klett Verlag GmbH, Stuttgart 2015 | www.klett.de | ISBN 978-3-12-316194-0

Name:

Klasse / Datum:

Wo ist Oskar? (Seite 2/2)

3 Vergleicht die Ausschnitte des Hörspiels und des Romans.
– Erklärt, welche Unterschiede es beim Erzeugen von Spannung gibt.

Hörspiel	Roman

– Diskutiert, welcher Ausschnitt euch besser gefällt.

4 Oskar war einen ganzen Tag im Hinterhaus eingesperrt.
– Versetze dich in seine Lage und schreibe auf, was er denkt, als er plötzlich Geräusche im Hinterhaus hört, kurz bevor Rico ihn entdeckt.
– Lest anschließend eure Texte laut vor.

Name:

Klasse / Datum:

Die Rettung (Seite 1/2)

1 Nachdem sich Rico im Krankenhaus von seiner Gehirnerschütterung erholt hat, wird er vom Bühl, dem ermittelndem Kommissar, befragt.
– Ergänze seine Notizen. Lies dazu erneut auf den Seiten 205 bis 212 im Roman.

Protokoll zum Fall „Mister 2000“

Befragter: Frederico Doretti **Protokollant:** Kriminalkommissar Simon Westbühl

Was? ______________________

____

____

Wer? ______________________

____

Wann? ______________________

____

Wo? ______________________

____

Wie? ______________________

____

____

____

____

Warum? ______________________

____

____

Welche Folgen? ______________________

____

____

– Vergleicht eure Notizen in der Klasse. Ergänzt gegebenenfalls.

2 Auf der Grundlage des Protokolls verfasst der Bühl einen Bericht für die Untersuchungsakte der Polizei.
– Schreibe diesen Bericht. Verwende ein zusätzliches Blatt.
– Nutze die Arbeitstechnik der Textlupe, um deinen Bericht zu überarbeiten.
Achte auf folgende Kriterien: Inhalt, Satzanfänge/Satzverknüpfungen, Wortwahl und Rechtschreibung.

Name:

Klasse / Datum:

Die Rettung (Seite 2/2)

Berichten

1. Den Bericht vorbereiten und planen:
   - Überlege dir, was den Adressaten deines Berichts speziell interessiert.
   - Notiere die Antworten auf folgende W-Fragen: Was? Wer? Wann? Wo? Wie? Warum? Welche Folgen?
   - Ordne deine Notizen in der zeitlichen Reihenfolge der Geschehnisse.
2. Den Bericht schreiben:
   - Beschränke dich auf das Wesentliche.
   - Gliedere deinen Text in sinnvolle inhaltliche Abschnitte.
   - Schreibe sachlich. Vermeide die Darstellung von Gefühlen, persönlichen Eindrücken und Wertungen.
   - Berichte im Präteritum.
   - Verwende genaue Angaben und aussagekräftige Verben.
   - Verdeutliche die zeitliche Reihenfolge der Geschehnisse, indem du Konjunktionen verwendest wie z. B. *nachdem, bis, während, als, ehe, seitdem*.
   - Um Zusammenhänge deutlich zu machen, verwende Konjunktionen wie z. B. *weil, da, denn, obwohl, wenn, sodass*.
   - Verwende keine wörtliche Rede.
3. Den Bericht überarbeiten:
   - Nutze die Arbeitstechnik der Textlupe oder der Schreibkonferenz.
   - Überprüfe die Rechtschreibung mithilfe eines Wörterbuchs oder mit dem entsprechenden Programm deines Computers.

3 Als der Marrak Rico und Oskar im Hinterhaus entdeckt, erzählt er ihnen, warum er die Kinder entführt hat.
- Lest seine Erklärung noch einmal nach auf Seite 207.
- Schreibt die Motive für seine Taten auf.

____

____

____

____

____

____

____

____

- Bewertet Marraks Absichten, die hinter den Entführungen steckten. Diskutiert, wie ihr ihn bestrafen würdet.

Name:

Klasse / Datum:

Vom Romanhelden zum Kinohelden (Seite 1/1)

1 Der Roman „Rico, Oskar und die Tieferschatten“ war ein großer Erfolg, dem 2014 die Kinoverfilmung folgte. Besprecht, welche Kinderbücher ihr noch kennt, die verfilmt wurden. Berichtet von euren Erfahrungen mit Buchverfilmungen.

2 Auf den Fotos seht ihr die Besetzung für die Figuren aus dem Roman.
- Ordnet jedem Schauspieler seinen möglichen Charakter aus dem Roman zu. Begründet eure Entscheidung.
- Diskutiert, ob ihr die Rollenbesetzung als gelungen einschätzt.

______

______

______

______

______

______

______

______

3 Schaut euch den Kinotrailer an.
Nennt Inhalte aus dem Roman, die ihr bereits im Trailer wiedererkennt.

Name:

Klasse / Datum:

Der gleiche Rico in Buch und Film? (Seite 1/1)

1 Selten entspricht die Verfilmung eines Romans genau der Buchvorlage. Untersucht das anhand von „Rico, Oskar und die Tieferschatten".

- Bildet Gruppen und ordnet jeder Gruppe einen Filmausschnitt zu.

Filmausschnitt Nr. 1: Der Zusammenstoß

Filmausschnitt Nr. 2: Bei Fitzke zu Hause

Filmausschnitt Nr. 3: Bingoabend

Filmausschnitt Nr. 4: Tanja Doretti und die Schwerkraft

Filmausschnitt Nr. 5: Rico und die Fundnudel

- Seht euch den Filmausschnitt genau an. Beschreibt die Handlung der Szene und ordnet sie einer Stelle im Roman zu.

___

___

___

___

- Sucht die genaue Textstelle im Roman.
- Vergleicht die Textstelle mit dem Film. Nennt Gemeinsamkeiten und Unterschiede.

Film	Roman
Gemeinsamkeiten	
Unterschiede	

2 Präsentiert eure Ergebnisse.

3 Diskutiert die Qualität der filmischen Umsetzung anhand eurer Ergebnisse.

Name:

Klasse / Datum:

Wie die Kamera Rico und Oskar darstellt (Seite 1/2)

1 Schaut euch gemeinsam den Filmausschnitt an, als sich Rico und Oskar das erste Mal begegnen.

2 Untersucht die Kameraführung einer Szene.
- Informiert euch über Kameraperspektive und Einstellungsgrößen in der Box.
- Wählt verschiedene Ausschnitte der Szene aus und bestimmt die Kameraperspektive und die Einstellungsgrößen.
- Stellt die Ausschnitte als Skizzen dar.
- Erklärt, welche Wirkung durch die jeweilige Kameraführung entstehen soll.

	Kameraperspektive / Einstellungsgröße / Wirkung
Skizze	
Skizze	
Skizze	
Skizze	

Klett

Name:

Klasse / Datum:

Wie die Kamera Rico und Oskar darstellt (Seite 2/2)

Kameraführung

Die **Kameraführung** bestimmt, wie der Film die Geschichte „erzählt".

Die **Kameraperspektive** zeigt an, in welcher Höhe die Kamera zum Motiv positioniert wird.
Aufsicht („Vogelperspektive"): betont Unterlegenheit
Normalsicht: natürliche Wahrnehmung
Untersicht („Froschperspektive"): betont Größe, Bedrohlichkeit

Die **Einstellungsgröße** der Kamera bestimmt den zu zeigenden Ausschnitt.
A Totale: Überblick über den gesamten Handlungsort
B Halbtotale: Darsteller vollständig zu sehen
C Halbnah: Darsteller vom Kopf bis zur Mitte des Oberkörpers
D Nah: Darsteller von den Schultern bis zum Kopf
E Groß: nur der Kopf des Darstellers zu sehen
F Detail: nur ein Ausschnitt des Gesamtbildes zu sehen

3 Schaut euch noch einmal den gesamten Ausschnitt an. Erklärt, was euch beim Wechsel zwischen den einzelnen Kameraperspektiven und Einstellungsgrößen auffällt.

4 Bei der Umsetzung einer Szene hat der Regisseur viele Möglichkeiten. Beschreibe, wie du die erste Begegnung zwischen Rico und Oskar filmisch dargestellt hättest. Du kannst auch eine Skizze zeichnen.

Skizze

Name:
Klasse / Datum:

Den Autor kennenlernen (Seite 1/2)

1 Informiert euch über Andreas Steinhöfel, dem Autor des Romans „Rico, Oskar und die Tieferschatten".
- Arbeitet in Gruppen. Recherchiert im Internet.
- Wertet eure Ergebnisse in der Klasse aus.

2 Werte das Interview mit Andreas Steinhöfel aus.

Fragen und Antworten zu Rico und Oskar

Woher kam die Idee zu Rico und Oskar?
Die Idee zu den Tieferschatten kam mir, nachdem ich einen Zeitungsartikel über Hochbegabte gelesen hatte. Weshalb ich die Geschichte aus der Perspektive von Oskar begann. Und weil Gegensatzpaare so prima funktionieren, erfand ich Rico dazu. Es stellte sich dann aber schnell heraus, dass Rico da nur der Doofe war, der die Stichworte für die Gags gab. Also hab ich's umgekehrt: Um zu zeigen, wie jemand sich fühlt, den fast alle für dumm halten, obwohl sein einziges Problem ist, dass er manchmal nicht geradeaus denken kann … klappte super!

Woher kommt das Wort tiefbegabt?
Habe ich mir ausgedacht. Klingt freundlicher als bekloppt oder Spasti oder behindert, oder? Soll es auch. Schließlich ist Rico nicht dumm. Er denkt nur manchmal anders als andere. Und hat außerdem die Gabe, sich in andere Menschen einzufühlen. Das ist eine tolle Fähigkeit, die auch manche schlauen Leute nicht haben. Leider.

Warum trägt Oskar einen Helm?
Weil er Schiss hat, vor allen möglichen Dingen. Könnte ja sein, eines Tages beschließt der Himmel, dass er heute mal ein bisschen abstürzt. Auf kleine Jungs drauf. Deshalb kennt Oskar auch jede Unfallstatistik. Ich wollte aber auch zeigen, was Eltern mit ihren Kindern anrichten, wenn sie ihnen, praktisch schon bei der Geburt, einen Sturzhelm verpassen. Solche Eltern wollen von ihren Kindern alle Gefahren fernhalten. Das ist sehr nachvollziehbar, aber: Wie soll ein Kind dann Erfahrungen mit unangenehmen Dingen machen? Es wird später, als Erwachsener, bei der geringsten Belastung heulend zusammenbrechen. Nicht gut. Gar nicht gut.

Warum lässt Oskar sich entführen?
Dass Oskar sich entführen lässt, liegt daran, dass er sich selber überschätzt. Er ist schlau, aber er hat es noch nicht so richtig raus, die Konsequenzen seines Tuns abzuwägen. Die Strafe dafür ist, dass er mit Hamburgern gemästet wird. Andererseits: Wenn nicht ab und zu Leute sich selbst überschätzten, kämen wir auf der Welt nicht besonders schnell voran. Deshalb nur Hamburger. Ich hätte ja auch Bio-Kuchen ohne Zucker nehmen können.

Haben Sie selber in so einem Haus gelebt?
Na ja … In Berlin wohnte ich in der Dieffe 72, aber die Dieffe geht nur bis Nummer 81, glaube ich. Eine Nummer 93 gibt es jedenfalls gar nicht. Trotzdem suchen inzwischen ganze Heerscharen von Kindern das Haus, in dem Rico lebt, und klingeln dabei gnadenlos in aller Frühe die vermeintlichen Nachbarn von Rico aus den Betten.

Kennen Sie selber Kinder wie Rico und Oskar?
Kinder nur ein paar – aber Erwachsene jede Menge, vor allem tiefbegabte. Nee, im Ernst: Mein (leider verstorbener) Lebensgefährte war als Kind tiefbegabt. Das bedeutet nicht, dass er doof war, im Gegenteil. Aber seine Art zu denken (und zu fühlen) passte nicht zur gängigen Art, wie in Schulen Unterricht gemacht wurde. Heutzutage schaut man, was solche Kinder betrifft, etwas genauer hin und versucht sie besser zu unterstützen.

Wie war die Zusammenarbeit mit dem Illustrator?
Da man ständig den Verlag im Nacken hat, dem es nie schnell genug gehen kann, habe ich Peter Schössow, sobald ich ein Kapitel beendet hatte, dieses jeweils per Mail zugeschickt. Er braucht nämlich lange für seine Bilder (wie ich auch lange für meine Texte

© Ernst Klett Verlag GmbH, Stuttgart 2015 | www.klett.de | ISBN 978-3-12-316194-0

Name:

Klasse / Datum:

Den Autor kennenlernen (Seite 2/2)

brauche). Reingeredet habe ich ihm nie, sondern völlig freie Hand gelassen – sehr spannend, sich dann irgendwann die Resultate seiner Arbeit anzusehen! Lediglich das Umschlagbild für den Diebstahlstein (das ist der dritte Rico-Band) hat Peter genau so gezeichnet, wie ich es gern haben wollte.

Wie viele Bücher um Rico und Oskar gibt es?

Eigentlich sollte die ganze Geschichte ein langes Buch werden … zu lang, fand mein Verleger. Also habe ich den Spaß auf drei Bände aufgeteilt. Immer ein Krimi, aber dahinter eine lange durchgehende Story. Und mehr werden es nicht – ich wollte die Geschichte einer Freundschaft erzählen, und die ist mit „Rico, Oskar und der Diebstahlstein“ abgeschlossen. Was aber nicht heißt, dass es nicht vielleicht ein Wiedersehen mit den Jungs gibt … lasst euch überraschen!

Andreas Steinhöfel: FRAGEN UND ANTWORTEN ZU RICO UND OSKAR. **Unter: http://newsfromvisible.blogspot.de/2007/02/meine-bcher.html (Stand 23.09.2014)**

– Nenne die Antwort Steinhöfels, die dich besonders überrascht hat. Begründe deine Ansicht.

____

____

____

____

____

____

– Formuliere Fragen, die du ihm noch gestellt hättest. Sammelt die Fragen an der Tafel.

____

____

____

____

____

____

3 Schreibe einen Brief an Andreas Steinhöfel, in dem du ihm von deinen Erfahrungen mit „Rico, Oskar und die Tieferschatten“ berichtest. Dabei hast du auch die Möglichkeit, ihm weitere Fragen zu stellen.
– Mach dir zunächst Notizen zum Inhalt deines Briefes.
– Schreibe nun den Brief. Verwende ein zusätzliches Blatt.

Name:

Klasse / Datum:

Wie die „Tieferschatten“ wirken … (Seite 1/2)

1 2009 erhielt Andreas Steinhöfel den Jugendliteraturpreis für seinen Roman „Rico, Oskar und die Tieferschatten“. Sein Roman ist sehr erfolgreich und ist sowohl bei Kindern als auch bei Erwachsenen sehr beliebt.

- Lies die Rezension zu „Rico, Oskar und die Tieferschatten“.
- Unterstreiche alle Textstellen, in denen der Verfasserinnen ihre Meinung zum Werk wiedergeben. Vergleiche deine Ergebnisse mit deinem Banknachbarn.

Anna Krumbein/Marion Wirtz: Alles Bingo?! (2008)

„Klack, klack, klacker-di-klack …“. So kugeln und kullern die Bingokugeln nicht nur in der Bingotrommel, sondern auch in Frederico Dorettis Kopf herum. Ob er will oder nicht.

Frederico, kurz Rico genannt, besucht ein Förderzentrum in Berlin Kreuzberg und ist in der Dieffenbachstraße 93 zu Hause. – Wie gut, dass sie nur schnurgerade verläuft, denn ansonsten würde er sich, weil er ein „Orientierungsvermögen wie eine besoffene Brieftaube in einem Schneesturm bei Windstärke 12“ hat, ständig verlaufen. Von dort aus erkundet er seine kleine Welt, insbesondere die Wohnungen seiner Nachbarn. Mit Frau Dahling schaut er zum Beispiel gerne Liebesfilme. „Pretty Woman. Schon mal davon gehört?“ Und sie essen bei ihr Müffelchen – die besten der Welt.

Ricos Mutter, die in einem Nachtclub arbeitet und zuweilen ein lockeres Mundwerk hat, fragt ihren Sohn so manches Mal, ob sie ihn so vernachlässigt. Für Rico ist das Quatsch! Durch ihre bedingungslose Liebe schenkt die alleinerziehende, erdbeerblonde Mutter ihrem Sohn enormes Selbstbewusstsein. Als Rico dem seltsamen und hochbegabten Oskar begegnet, fragt dieser ihn naseweis: „Kann es sein, dass du ein bisschen doof bist?“ – „Ich bin ein tiefbegabtes Kind“, entgegnet Rico ihm selbstsicher. Mag sein, dass er kein Schlaumeier wie Oskar ist, aber er ist wissbegierig. So schmunzelt man über seine Erklärungen unbekannter Wörter, die er in einem Lexikon nachschlägt und die, in Merkkästchen gesetzt, im Text eingefügt sind.

Eingebettet in Ricos Tagebucheinträge wird die Geschichte einer außergewöhnlichen Freundschaft erzählt. Rico findet in Oskar einen Freund, der genauso einsam und komisch ist. Dieser wagt es nicht, ohne seinen viel zu großen Motorradhelm, der ihn vor den Gefahren des Alltags schützen soll, das Haus zu verlassen. Und das zu Recht.

In Berlin treibt der ominöse Mister 2000 sein Unwesen. Er entführt Kinder und verlangt für deren Freigabe erstaunlicherweise nur 2000 Euro, was ihm den Spitznamen ALDI-Kidnapper verschafft hat. Die beiden Jungen schlittern in das Abenteuer um die Suche nach Mister 2000. Doch alles nimmt einen ganz anderen Lauf … „Mann, Mann, Mann!“ würde Rico jetzt sagen, wenn er wüsste, dass das jüngste Entführungsopfer sein neuer Freund Oskar ist. Die spannende Kriminalgeschichte und die Entlarvung der Tieferschatten regt die Leserschaft, auch über die Erzählung hinaus, zum Miträtseln an.

Mit seinen klaren Zeichnungen verleiht der Illustrator Peter Schössow Rico und Oskar zusätzliche Authentizität und hält in kurzen Szenen entscheidende Momente fest. Das Buch von Andreas Steinhöfel lässt die Personen so sein, wie sie sind – mit all ihren Fehlern und Eigenarten. „Rico, Oskar und die Tieferschatten“ lebt vor allem von seiner dynamischen und witzigen Sprache, die dazu beiträgt, dass die kleinen und großen Leser Spaß bei der Lektüre haben werden.

Das Zusammenspiel der verschiedenen Figuren mit Schräglage findet vor einem heute gut vorstellbaren Lebenshintergrund statt. Der Großstadtroman, der an „Emil und die Detektive“ erinnert, vermittelt, dass man trotz oder gerade wegen eines Handicaps fähig ist, besonders zu sein, und dass man mit ein wenig Courage die Aufgaben, die das Leben bereit hält, meistern kann.

Aus: http://newsfromvisible.blogspot.de/. Letzter Zugriff: 07.07.2014

Name:

Klasse / Datum:

Wie die „Tieferschatten“ wirken ... (Seite 2/2)

– Fasse die Meinung der Rezensentinnen mit eigenen Worten zusammen.

____

____

____

____

____

2 Lest euch die Merkmale einer Rezension in der Box genau durch. Untersucht in der Rezension zu „Rico, Oskar und die Tieferschatten“, ob alle Kriterien berücksichtigt wurden.

Eine Rezension schreiben

Eine **Rezension** ist eine kritische objektive Bewertung eines Werkes (= Buchbesprechung).

Deine Rezension sollte folgendermaßen aufgebaut sein und dabei bestimmte Fragen beantworten:
– Die Überschrift sollte die Aufmerksamkeit des Lesers auf sich ziehen. Nenne darin auch den Titel und Autor des Buches.
– Beginne deine Rezension mit der Beschreibung der Aufmachung. (Ist es ein Taschenbuch oder ein gebundenes Buch? Besitzt es einen Schutzumschlag? Ein Lesebändchen? Wie ist das Cover gestaltet? Wie wirkt es auf dich?)
– Hebe weitere Besonderheiten des Layouts hervor. (Gibt es Illustrationen im Buch? Ist die Schrift eher groß oder klein? Gibt es andere gestalterische Besonderheiten?)
– Verfasse eine kurze Inhaltsangabe, aber verrate nicht zu viel! Du darfst auch Fragen stellen, um Spannung zu erzeugen oder aus dem rezensierten Buch zitieren.
– Beurteile den Inhalt des Romans. (Wie gefällt dir die Geschichte? Was genau gefällt dir, was vielleicht nicht?)
– Ein Fazit soll dem Leser eine schnelle Orientierung bieten, ob das Buch für ihn geeignet ist. (Welchem Genre ist das Buch zuzuordnen? Ist es eher für Jungen oder für Mädchen geeignet? Für welches Lesealter ist es empfohlen? Schließt du dich dieser Empfehlung an?)
– Denke daran, deine Rezension im Präsens zu verfassen.

3 Neben dem Roman existieren auch ein Hörbuch, ein Hörspiel, ein Kinofilm sowie verschiedene Theaterproduktionen zu „Rico, Oskar und die Tieferschatten“.
– Du hast sowohl den Roman als auch das Hörspiel und den Kinofilm im Unterricht kennengelernt. Wähle eines dieser Medien aus und verfasse eine eigene Rezension auf einem zusätzlichen Blatt. Beachte die Box.
– Tausche den Text mit deinem Banknachbarn. Überprüft eure Texte in Form einer kleinen Schreibkonferenz.
– Lest die Rezensionen laut vor. Überprüft, ob alle Kriterien berücksichtigt wurden.

Name:

Klasse / Datum:

Klassenarbeit (Seite 1/2)

Du siehst einen Ausschnitt aus dem Kinofilm „Rico, Oskar und die Tieferschatten“, der auf dem gleichnamigen Roman von Andreas Steinhöfel basiert.

1 Erläutere, inwiefern die Stärken und Schwächen der beiden Hauptdarsteller Rico und Oskar im Filmausschnitt deutlich werden.

2 Lies dir den Text des Liedes „Ich und Du“ zum Filmausschnitt durch.
– Erläutere die Beziehung zwischen Rico und Oskar anhand des Liedtextes.

Philipp Poisel: Ich und Du

Du und ich und ich und du

Wir haben keine Wahl, wir müssen's einfach wagen
Ich glaub wir beide sind füreinander bestimmt

Kommst du mit?
Kommst du mit mit mir?

Du und ich und ich und du

Wir zwei gehör'n zusammen, es kann gar nicht anders sein
Und wenn dich ein Drache fängt dann werd ich dich befrei'n

Ich und du
Du und ich und ich und du
Ich und du
Du und ich und ich und du
Ich und du
Du und ich und ich und du

– Abends berichtet Rico Frau Dahling von seinem neuen Freund Oskar. Schreibe einen möglichen Dialog zwischen den beiden Personen.

Name:

Klasse / Datum:

Klassenarbeit (Seite 2/2)

3 Du siehst drei Ausschnitte aus dem Film „Rico, Oskar und die Tieferschatten“. Mache jeweils eine Skizze. Bestimme die Kameraperspektive und Einstellungsgröße. Erläutere ihre Wirkung.

a)

b)

c)

Name:

Klasse / Datum:

Klassenarbeit (Seite 1/2)

Andresas Steinhöfel: Rico, Oskar und die Tieferschatten (Ausschnitt)

Die folgende Textstelle ist ein Auszug aus dem Kapitel „Die Fundnudel“. Rico kommt gerade von draußen. Er war in der Schule und hat anschließend eine Nudel vor der Dieffe 93 gefunden. Jeden Nachbarn hat er befragt, um herauszufinden, woher die Nudel kommt. Ärgerlicherweise hat der Fitzke sie dann gegessen.

Als ich in die Wohnung kam, stand Mama vor dem goldenen Spiegel mit den vielen kleinen Dickebackenengeln dran im Flur. Sie hatte ihr himmelblaues T-Shirt hochgezogen bis unters Kinn und guckte besorgt ihre Brüste an, wer weiß, wie lange schon. Ich konnte ihr nachdenkliches Gesicht im Spiegel sehen.

Viele Leute, vor allem Männer, gucken Mama auf der Straße nach. Da läuft sie natürlich nicht mit raufgezogenem T-Shirt rum, aber sie sieht eben einfach toll aus. Immer trägt sie superkurze enge Röcke und ein knappes Oberteil mit tiefem Ausschnitt. Dazu hochhackige silberne oder goldene Sandalen mit Riemchen. Die Haare blond und offen und lang und glatt, und außerdem jede Menge tingelige, klingelige Armbänder und Halsketten und Ohrringe. Am liebsten mag ich ihre Fingernägel, die sind sehr lang. Mama klebt jede Woche was Neues drauf, zum Beispiel winzige schillernde Zierfische oder auf jeden Nagel einen einzelnen kleinen Marienkäfer. Sie sagt immer, es gebe einen Haufen Männer, die das mögen, und deswegen sei sie bei ihrer Arbeit so erfolgreich. […]

Sie seufzte, zog das T-Shirt wieder runter und drehte sich zu mir um. „Wie war's denn in der Schule?“

„Ging so.“

Sie sagt nie Förderzentrum, weil sie weiß, wie sehr ich das hasse. […]

„Warum hat der Wehmeyer dich denn noch mal antanzen lassen?“, sagte Mama. „Ich dachte, gestern war schon der letzte Schultag?“

„Wegen einem Ferienprojekt. Was schreiben.“

„Du und schreiben?“ Sie runzelte die Stirn. „Was denn?“

„Nur einen Aufsatz“, murmelte ich. Die Sache war komplizierter, aber ich wollte Mama noch nicht einweihen, bevor ich es erfolgreich ausprobiert hatte.

„Verstehe.“ Ihre Stirn wurde wieder glatt. „Schon was gegessen, ein Döner oder so?“ Sie wuschelte mir mit einer Hand durch die Haare, beugte sich vor und drückte mir einen Kuss auf die Stirn.

„Nee.“

„Also Hunger?“

„Klar.“

„Okay. Ich mach uns Fischstäbchen.“ Sie verschwand in der Küche. Ich warf meinen Rucksack durch die offene Tür in mein Zimmer, dann folgte ich ihr, setzte mich an den Esstisch und guckte zu.

„Ich muss dich mal was fragen, Rico“, sagte Mama, während sie Butter in der Pfanne zerließ.

Mein Kopf rutschte automatisch zwischen die Schultern. Wenn Mama mich was fragt und dabei meinen Namen benutzt, bedeutet das, dass sie sich vorher Gedanken gemacht hat, und wenn sie sich Gedanken macht, hat das meistens einen ernsten Hintergrund. Mit ernst meine ich schwierig.

Name:

Klasse / Datum:

Klassenarbeit (Seite 2/2)

Mit schwierig meine ich Bingokugeln.
„Was denn?“, fragte ich vorsichtig.
„Es geht um Mister 2000.“
Ich wünschte mir, die Fischstäbchen wären schon fertig. Selbst ein Dummkopf konnte ahnen, worauf dieses Gespräch hinauslief. [...]
„Hast du 2000 Euro?“, fragte ich Mama. Man konnte ja nie wissen. Für den Notfall könnte ich ihr erlauben meinen Reichstag zu knacken. Die Münzen wirft man oben in die Glaskuppel ein, die hat einen Schlitz. Den Reichstag habe ich schon, seit ich denken kann, und wenigstens für einen Arm oder so müsste mein Gespartes inzwischen reichen. Für zwanzig oder dreißig Euro hätte Mama dann wenigstens eine kleine Erinnerung an mich.
„2000 Euro?“, sagt sie. „Seh ich so aus?“
„Würdest du sie zusammenkriegen?“
„Für dich? Und wenn ich dafür töten müsste, Schatz.“ [...]
„Ich bin nicht so klein wie die anderen Kinder, die bis jetzt entführt worden sind. Und ich bin älter.“
„Ja, ich weiß.“ [...] „Trotzdem hätte ich dich in den letzten Wochen jeden Tag zur Schule bringen und auch wieder abholen sollen.“
Mama arbeitet bis frühmorgens. Wenn sie nach Hause kommt, bringt sie mir eine Schrippe mit, gibt mir einen Kuss, bevor ich ins Förderzentrum abzische, und dann legt sie sich schlafen. Sie steht dann meistens erst nachmittags auf, wenn ich längst wieder daheim bin. Es hätte nie geklappt, mich wegzubringen und wieder abzuholen.
Sie hielt kurz inne und kräuselte die Nase. „Bin ich eine verantwortungslose Mutter, Rico?“
„Quatsch!“

Aus: Andreas Steinhöfel: Rico, Oskar und die Tieferschatten. Hamburg: Carlsen Verlag 2011, S. 17–22.

1 Erstelle eine Mindmap zu Ricos Mama.

2 Beschreibe die Beziehung zwischen Rico und seiner Mama. Begründe deine Aussagen mit Beispielen aus dem Text.

3 Rico ist der Ansicht, dass sich seine Mama vor ihrem Gespräch genau überlegt hat, was sie ihrem Sohn sagen möchte. Versetze dich in ihre Lage und verfasse einen inneren Monolog, den sie zu sich selbst spricht, bevor Rico nach Hause kommt.

4 Dir wird ein Auszug aus dem Hörspiel zu „Rico, Oskar und die Tieferschatten“ vorgespielt.
– Vergleiche die beiden Auszüge. Nenne inhaltliche Gemeinsamkeiten und Unterschiede.
– Begründe, weshalb das Hörspiel in einigen Fällen vom Roman abweicht.

Name:

Klasse / Datum:

Analyse und Interpretation

Andreas Steinhöfel: Rico, Oskar und die Tieferschatten

Zur Biografie von Andreas Steinhöfel

Andreas Steinhöfel wurde 1962 im hessischen Battenberg geboren. Nach seinem Abitur nahm er zunächst ein Lehramtsstudium für Biologie und Englisch auf. Er wechselte dann die Fächer und studierte Anglistik, Amerikanistik und Medienwissenschaften in Marburg. Bereits an der Universität begann er mit dem Schreiben. Sein erstes Kinderbuch „Dirk und ich" wurde 1991 veröffentlicht. In den nächsten Jahren folgten weitere Kinder- und Jugendbücher wie beispielsweise „Paul Vier und die Schröders" (1992), eines seiner bekanntesten Werke, oder der 1999 für den Deutschen Jugendliteraturpreis nominierte Jugendroman „Die Mitte der Welt".

Nun arbeitet Steinhöfel als Übersetzer, Rezensent, Drehbuch- sowie Kinderbuch- und Jugendbuchautor. Lange Zeit lebte er in Berlin, in dem auch die Trilogie um Rico und Oskar spielt. Der erste Roman dieser Reihe „Rico, Oskar und die Tieferschatten" wurde mit zahlreichen Preisen wie dem Deutschen Jugendliteraturpreis, dem Katholischen Kinder- und Jugendbuchpreis und dem Lesekünstler 2009 ausgezeichnet. 2014 folgte die Verfilmung des Romans.

Mit seinen Werken verfolgt Steinhöfel ein einfaches Ziel: Er will auf Augenhöhe der Kinder schreiben und ihnen den Spaß am Lesen vermitteln. So wird er oft auch als neuer Kästner gehandelt. 2009 erhielt er die Auszeichnung des Erich-Kästner-Preises für Literatur.

Zum Inhalt von „Rico, Oskar und die Tieferschatten"

„Rico, Oskar und die Tieferschatten" ist in 12 Kapitel gegliedert. Zu Beginn wird Ricos Lebensumfeld näher beschrieben. Frederico Doretti lebt mit seiner Mutter Tanja in der Dieffenbachstraße 93 in Berlin-Kreuzberg. Seine Mutter arbeitet als Kellnerin in einem Nachtclub und hat somit nur wenig Zeit für ihren Sohn. Einen Vater gibt es in der kleinen Familie nicht. Rico verbingt viel Zeit bei seiner Nachbarin Frau Dahling, die sich liebevoll um ihn kümmert. Rico genießt die gemeinsamen Fernsehabende mit Müffelchen, das sind belegte Brote, und Liebesfilmen oder Krimis. Auch zu den anderen Nachbarn pflegt er ein offenes Verhältnis.

Rico ist sehr lebensfroh und neugierig. Er stellt sich selbst immer als „tiefbegabtes Kind" vor. Das heißt, dass er weniger clever ist, als andere Kinder seines Alters, und das Förderzentrum besucht. Komplizierte Wörter verwirren ihn ebenso wie plötzliche Richtungsänderungen auf der Straße. Nichtsdestotrotz weiß sich Rico stets zu helfen.

Während seiner Streifzüge vor der „Dieffe 93" lernt Rico Oskar kennen. Auf den ersten Blick könnten die beiden Jungen nicht unterschiedlicher sein. Während Rico zwar lernschwach, doch stets zuversichtlich und neugierig ist, zweifelt der hochbegabte Oskar häufig und ist sehr vorsichtig. Gerade aus diesem Grund ergänzen sich die Kinder gut und werden schnell beste Freunde. Umso enttäuschter ist Rico, als er von Oskar versetzt wird. Er hatte sich so auf einen gemeinsamen Ausflug gefreut, da doch gerade Sommerferien sind. Schon bald erfährt er, dass Oskar entführt wurde. Mister 2000 treibt in Berlin sein Unwesen und entführt Kinder aus sozial schwachen Familien. Das Besondere an den Entführungen ist, dass er ein vergleichsweise geringes Lösegeld verlangt, sofern die Polizei nicht alarmiert wird, weshalb er auch als „Aldi-Kidnapper" bezeichnet wird. Jedoch kann Oskars Vater auch die geringe Lösegeldsumme nicht auftreiben und geht deshalb an die Öffentlichkeit. Rico befürchtet nun, dass sein Freund in großer Gefahr ist, und macht sich selbst auf die Suche nach ihm.

Besonders der neue Nachbar Simon Westbühl erscheint ihm verdächtig. Es folgt eine aufregende Reise durch Berlin, bei der Rico seinem Ziel immer näher kommt. Am Ende des Romans überschlagen sich die Ereignisse. Rico kann Oskar aus seinem Gefängnis im Hinterhaus der „Dieffe 93" befreien. Kurz darauf muss er jedoch mit Entsetzen feststellen, dass er einige wichtige Hinweise übersehen hat und der Marrak, ein weiterer Nachbar, der Entführer ist. Oskar hatte sich absichtlich von ihm entführen lassen, um ihm auf die Schliche zu kommen. In letzter Minute gelingt den Freunden die Flucht und der Entführer wird verhaftet. Rico wird zwar bei einem Zusammenstoß mit dem Entführer verletzt, ist jedoch nach einem kurzen Krankenhausaufenthalt wohlauf und kann die restliche Ferienzeit mit Oskar genießen.

Figurenkonstellation

Im Mittelpunkt des Romans steht Frederico Doretti, kurz Rico genannt. Er lebt allein mit seiner Mutter Tanja. Sein Vater ist bei einem Unfall ums Leben gekommen, das hat ihm zumindest seine Mutter erzählt. Tanja Doretti arbeitet als Kellnerin in einem Nachtclub und hat so nur wenig Zeit für ihren Sohn. Dennoch pflegen beide ein sehr liebevolles Verhältnis.

Einen wichtigen Platz in Ricos Leben nimmt seine Nachbarin Frau Dahling ein, die sich um Rico kümmert, wenn seine Mutter arbeiten muss. Sie ist alleinstehend und freut sich über Ricos Besuche, sodass sich die beiden zusammen sehr wohl fühlen.

Auch zu den anderen Nachbarn sucht Rico Kontakt. Ein gutes Verhältnis hat er zu Hausmeister Mommsen, der Familie Kessler, den Studenten Jule, Berts und Massoud, Herrn Kiesling und der Familie Runge-Blawetzky. Der Fitzke aus dem 4. Stock ist meist unfreundlich zu Rico, weshalb dieser ihn meidet. Der Marrak aus dem 5. Stock fällt Rico auf, da er ständig mit einem vollen Wäschesack durch den Hausflur geht. Rico findet es merkwürdig, dass er seine Wäsche nicht selbst waschen kann. Später stellt sich heraus, dass der Marrak der Entführer ist und die entführten Kinder im Sack transportiert. Neu in das Haus zieht Simon Westbühl. Als er sich bei Rico und seiner Mutter vorstellt, hofft Rico, dass seine Mutter ihn näher kennenlernen möchte. Tatsächlich ist sie nicht abgeneigt. Zwischenzeitlich kommen Rico allerdings Zweifel, da er Simon Westbühl für den Kindesentführer hält.

Oskar wird Ricos bester Freund. Gerade durch die Unterschiede zwischen dem hochbegabten Grundschüler und dem lernschwachen Rico ergänzen sich die beiden gut und treten einander ohne Vorurteile gegenüber.

Sprache und Stil

Der Roman wird aus Ricos Sicht erzählt. Dabei orientiert sich der Autor an der Gattung des Tagebuchs. So wie Rico die Situation wahrnimmt und erlebt, wird sie dem Leser dargestellt. Dabei ermöglichen es Rückblenden, Ricos Geschichte zu entfalten und ihn kennenzulernen.

Auch die Sprache bringt Ricos Persönlichkeit zum Ausdruck. Sie ist kindgerecht, ohne einfach zu erscheinen. Die Figuren wirken lebendig und authentisch. Durch Wortneuschöpfungen und detaillierte Darstellungen gelingt es dem Autor, bei Kindern den Spaß am Lesen zu wecken.

Zeit- und Raumgestaltung

Der Roman erstreckt sich auf 220 Seiten und 12 Kapitel. Die Handlung ist nach Wochentagen eingeteilt und orientiert sich somit an Ricos Ferientagebuch. Die erzählte Zeit beträgt sechs Tage und umfasst einen Zeitraum von Samstag bis Donnerstag.

Die Geschichte spielt in Berlin, beschränkt sich jedoch zum großen Teil auf Ricos Lebensumfeld, die Dieffenbachstraße und sein Wohnhaus Nr. 93.

Themen und Motive

Bei „Rico, Oskar und die Tieferschatten" handelt es sich um einen Roman für Kinder, der verschiedene Themen auf eine kindgerechte und humorvolle Art anspricht. Im Sinne eines Detektivromans wird eine spannende Geschichte erzählt, in der Freundschaft, Familie, gegenseitige Akzeptanz und der Glaube an sich selbst eine wichtige Rolle spielen.

Als „tiefbegabtes Kind" ist Rico an sich behindert. Seine Schwächen werden von ihm im Roman angesprochen und es wird deutlich, dass er gelernt hat, mit ihnen umzugehen. Ebenso werden Ricos Stärken hervorgehoben. In der Gegenüberstellung mit dem hochbegabten Oskar wird klar, dass jedes Kind Stärken und Schwächen besitzt und es darauf ankommt, zu lernen, mit diesen umzugehen und sie zu akzeptieren, genauso wie die Stärken und Schwächen der anderen akzeptiert werden müssen.

Rico findet in Oskar einen guten Freund, mit dem er über seine Probleme reden kann und auf den er sich verlassen kann. Auch in seiner Mutter und seiner Nachbarin Frau Dahling hat Rico Freunde gefunden, bei denen er sich geborgen fühlt.

Es wird schnell deutlich, dass der Roman in einem eher bildungsfernen Milieu spielt. Ricos Mutter arbeitet in einem Nachtclub und hat wenig Zeit für ihren Sohn. Hinzu kommt, dass sie alleinerziehend ist und die beiden mit wenig Geld auskommen müssen. Dennoch kümmert sie sich liebevoll um ihren Sohn. Im Gegensatz dazu stellt der Roman im Zusammenhang mit der Kindesentführung jedoch auch dar, dass nicht alle Kinder fürsorglich betreut werden. So war es ein Motiv des Entführers aufzuzeigen, wie es vielen Kindern aus sozial schwächeren Familien ergeht.

Durch die Suche Ricos und Oskars nach dem Entführer entwickelt sich der Roman zu einem Krimi. Die Kindesentführungen in Berlin bilden die Rahmenhandlung, die von den Kindern als Detektive aufgedeckt wird.

Kommentare und Lösungen

Modul 1: Zugänge

Intention	Das Modul will erste Zugänge zum Roman schaffen. Vor allem soll das Interesse der Schüler geweckt werden, um sie für die Lektüre zu motivieren.
Zeitbedarf	1 Unterrichtsstunde (KV 1.1), 1 Unterrichtsstunde (KV 1.2)
Material	KV 1.1 (obligatorisch), KV 1.2 (fakultativ)
Didaktische Hinweise	Die Kopiervorlagen werden vor der Lektüre des Romans eingesetzt. Am Ende des dritten Moduls oder spätestens am Ende der gesamten Unterrichtseinheit können die formulierten Erwartungen mit dem Inhalt des Romans verglichen werden.
Sozialformen	Unterrichtsgespräch/Einzelarbeit/Partnerarbeit
Zielvorstellungen/ Kompetenzbeschreibungen KV 1.1	Die Schülerinnen und Schüler erwerben und verfügen über folgende Kompetenzen. Sie - formulieren Erwartungen über den Inhalt des Romans. - beschreiben das Cover und vergleichen es mit dem Titel des Romans. - untersuchen die Funktion des Klappentextes.
Durchführung/ Unterrichtsschritte KV 1.1	1. Die Schüler betrachten das Cover des Romans. Auf kleineren Zetteln (A5) notieren die Schüler spontane Gedanken. Diese werden an die Tafel geheftet und im Unterrichtsgespräch verglichen. 2. Die Schüler beschreiben das Bild auf dem Cover. Das geschieht zunächst in Einzelarbeit. Im Unterrichtsgespräch erfolgt neben der Auswertung der Bildbeschreibung auch der Vergleich mit dem Titel des Romans. 3. Der Klappentext gibt erste Hinweise auf den Inhalt des Romans. Die Schüler lesen den Text leise und erklären, welche Funktion er erfüllt. Ausgehend von den Informationen formulieren sie mögliche Themen und vergleichen sie mit ihren eigenen Erwartungen.
Zielvorstellungen/ Kompetenzbeschreibungen KV 1.2	Die Schülerinnen und Schüler erwerben und verfügen über folgende Kompetenzen. Sie - skizzieren einen möglichen Handlungsverlauf des Romans, indem sie mithilfe der Bilder eine eigene Geschichte formulieren.
Durchführung/ Unterrichtsschritte KV 1.2	1. Zunächst sehen sich die Schüler die Zeichnungen im Roman an. Auch könnte der kurze Informationstext über den Illustrator auf Seite 2 gelesen werden. 2. In Partnerarbeit wählen die Schüler sechs Bilder aus und beschreiben in ein bis zwei Sätzen den Handlungsverlauf, der sich aus den Zeichnungen ergibt. Am Ende zeichnen die Schüler ein eigenes Bild, das zu der entstandenen Geschichte passt. 3. In der Auswertungsphase stellen die Schüler ihre Geschichten vor. An der Tafel sammelt die Lehrkraft Gemeinsamkeiten und Unterschiede. Es kann diskutiert werden, welche Geschichte besonders gut gelungen ist.

Lösungen

Kopiervorlage 1.1 → S. 8

1. Individuelle Schülerlösungen

2.–3.
- im Vordergrund zwei Jungen
- der größere Junge mit blonden Haaren, brauner Hose, hellem Hemd, orangefarbener Weste, Turnschuhen
- hält ein verfitztes Jojo
- der kleine Junge mit Sandalen, orangefarbener kurzer Hose, hellem Hemd, Strickjacke mit rotem Flugzeuganstecker, Motorradhelm
- Jungen lachen, sehen glücklich aus
- vermutlich Rico und Oskar
- vor einem Hauseingang, weitere Häuser im Hintergrund

4. Funktion: Der Klappentext informiert über den Roman, ohne den Inhalt vorwegzunehmen. Die zentralen Themen sowie wichtige Charaktere werden benannt und das Interesse des potenziellen Lesers soll geweckt werden. Themen, die eine Rolle spielen könnten: Freundschaft, Begabung, Entführung und Ermittlung und Angst. Weitere individuelle Schülerantworten sind möglich.

Kopiervorlage 1.2 → S. 9

1.–2. Individuelle Schülerlösungen

Modul 2: Häusliche Lektürephase

Intention	Die selbstständige Erarbeitung des Romanverständnisses steht im Vordergrund. Die Schüler erarbeiten sich eine Handlungsübersicht und nehmen Stellung zu den Inhalten Romans.
Zeitbedarf	Ca. 14 Tage
Material	KV 2.1 (obligatorisch)
Didaktische Hinweise	Die ausgefüllte Tagebuchseite (A1) soll während der Unterrichtseinheit als Hilfsmittel verwendet werden. Die individuell gestalteten Cover eignen sich zum Aufhängen im Unterrichtsraum. Als Hausaufgabe oder zur Überprüfung der Textkenntnisse im Modul 3 können die von den Schülern erstellten Rätsel verwendet werden.
Sozialform	Einzelarbeit
Zielvorstellungen/ Kompetenzbeschreibungen KV 2.1	Die Schülerinnen und Schüler erwerben und verfügen über folgende Kompetenzen. Sie - erarbeiten sich sukzessive ein Textverständnis. - entwickeln eine eigene Meinung zu den Inhalten des Romans und nehmen Stellung. - setzen sich kreativ mit den Romaninhalten auseinander.
Durchführung/ Unterrichtsschritte KV 2.1	Die Schüler erhalten die Kopiervorlage zur selbstständigen Bearbeitung als Hausaufgabe. Die Ergebnisse werden von der/dem Unterrichtenden eingesammelt und korrigiert bzw. im Unterricht ausgewertet.

Lösungen

Kopiervorlage 2.1 → S. 10 f.

1.

Wochentag	Figuren	Handlung
Samstag	Rico, Ricos Mama, Oskar, Frau Dahling	Rico entdeckt eine „Fundnudel" vor der Dieffe 93. Ricos Mama spricht mit ihm über Mister 2000. Rico trifft Oskar zum ersten Mal. Am Abend besucht Rico Frau Dahling.
Sonntag	Rico	Rico erklärt seine Ferienhausaufgabe: Er soll Tagebuch führen.
Montag	Rico, Simon Westbühl, Oskar, Ricos Mama	Simon Westbühl stellt sich bei Rico und seiner Mama vor. Oskar besucht Rico. Rico zeigt Oskar die Dachterrasse seiner Nachbarn. Dort unterhalten sie sich über Freundschaften und Ängste.
Dienstag	Rico, Ricos Mama, Marrak, Bühl, Frau Dahling	Rico wartet vergeblich auf Oskar, mit dem er verabredet war. Ricos Mama muss zu ihrem kranken Bruder reisen. Rico langweilt sich und findet Oskars Flugzeuganstecker im Müll. Abends sieht er bei Frau Dahling in den Nachrichten, dass Oskar von Mister 2000 entführt wurde. Auf einem Foto von Sophia erkennt er den roten Flugzeuganstecker wieder.
Mittwoch	Rico, Kiesling, Sven und Felix, Sophia, Oskar, Marrak, Bühl	Rico besucht Sophia, um von ihr mehr über Mister 2000 zu erfahren. Rico erkennt erste Zusammenhänge im Entführungsfall und verdächtigt den Bühl. Er ruft bei der Polizei an. Rico klaut Marraks Schlüssel und schleicht sich über die Dachterrasse in das Hinterhaus. Dort findet er Oskar. Auf der Flucht werden sie von Marrak aufgehalten. Rico erfährt, dass er der Täter ist. Rico wird bewusstlos geschlagen und vom Bühl gerettet.
Donnerstag	Rico, Ricos Mama	Ricos Mama besucht ihn im Krankenhaus. Sie erzählt ihm, dass sie von ihrem Bruder geerbt hat.

2.–5. Individuelle Schülerlösungen

Modul 3: Überprüfung der Textkenntnisse

Intention	Die Schülerinnen und Schüler überprüfen ihre Textkenntnisse.
Zeitbedarf	1 Unterrichtsstunde (KV 3.1)
Material	KV 3.1 (fakultativ)
Didaktische Hinweise	Die Aufgaben dieses Moduls können auch als Wettbewerb in der Klasse ausgetragen werden. Zusätzlich können die erstellten Rätsel aus Modul 2 (KV 2.1, A5) verwendet werden. Außerdem lässt sich im Internet eine interessante Seite mit verschiedenen Rätseln zum Roman finden.
Sozialformen	Unterrichtsgespräch/Einzelarbeit
Zielvorstellungen/ Kompetenzbeschreibungen KV 3.1	Die Schülerinnen und Schüler erwerben und verfügen über folgende Kompetenzen. Sie - festigen und überprüfen ihre Textkenntnisse.
Durchführung/ Unterrichtsschritte KV 3.1	1. Die Schüler lösen die Aufgaben. 2. Die Lehrkraft entscheidet selbst in Abhängigkeit vom Lernstand und der Selbstständigkeit der Schüler, ob die Aufgaben im Plenum oder in kleineren Lerngruppen verglichen werden.

Lösungen

Kopiervorlage 3.1 → S. 12 f.

1. 1. Ferientagebuch, 2. Tieferschatten, 3. Mueffelchen, 4. Sophia, 5. Bingotrommel, 6. Mommsen, 7. Hinterhaus, 8. Doretti, 9. Marrak, 10. Sturzhelm, 11. Fundnudel, 12. Kreuzberg, 13. Flieger, 14. Jule, 15. Westbuehl
Lösungswort: Steinhoefel

2. 1. wahr, 2. falsch, Liebesfilme oder Krimis, 3. wahr, 4. falsch, Depression, 5. wahr, 6. falsch, Handtaschen, 7. wahr, 8. falsch, dunkelrosa T-Shirt mit einem roten Flugzeuganstecker

3.

	R	U	N	G	E	B	L	A	W	E	T	Z	K	Y		
	S					M	A	S	S	O	U	D				
	T		D								A					
	R		O							H				W		J
	E		R						L					E		U
	B		E					I						S		L
			T				N	E	S	M	M	O	M	T		E
			T			G		K						B		
K			I						I					U		
E										E				E		
S											S			H		
S			K	A	R	R	A	M				L		L		
L													I			
E														N		
R							F	I	T	Z	K	E			G	

Modul 4: Rico und Oskar kennenlernen

Intention	Das Modul dient dazu, sich genauer mit den Protagonisten des Romans auseinanderzusetzen und sie zu charakterisieren. Dabei beschäftigen sich die Schüler nicht nur mit dem Romantext, sondern auch mit weiteren Medien, wie dem Hörspiel oder Ausschnitten aus dem Kinofilm.
Zeitbedarf	1 Doppelstunde (KV 4.1), 1 Doppelstunde (KV 4.2), 1 Unterrichtsstunde (KV 4.3)
Material	KV 4.1 (obligatorisch), KV 4.2 (fakultativ), KV 4.3 (obligatorisch)
Didaktische Hinweise	Die vierte Aufgabe der KV 4.2 kann bei Zeitknappheit auch als Hausaufgabe gestellt werden.
Sozialformen	Unterrichtsgespräch/Einzelarbeit/Partnerarbeit
Zielvorstellungen/ Kompetenzbeschreibungen KV 4.1	Die Schülerinnen und Schüler erwerben und verfügen über folgende Kompetenzen. Sie - vergleichen Hörspiel und Roman. - erstellen eine Mindmap. - verfassen eine Rollenbiografie.
Durchführung/ Unterrichtsschritte KV 4.1	1. Die Schüler hören sich den Anfang des Hörspiels an und schreiben auf, was sie über Rico erfahren. Der Hörspielausschnitt wird im Unterrichtsgespräch mit dem Roman verglichen. 2. Die Schüler formulieren Fragen an Rico. Anschließend tauschen sich die Partner aus und beantworten die Fragen des jeweils anderen aus Ricos Sicht. 3. In der Erarbeitungsphase wird eine Mindmap erstellt. Als Hilfestellung dient die Box. Als Hausaufgabe könnten die Schüler auch eine Mindmap zu einer anderen Romanfigur erstellen, um die Kompetenz zu festigen. 4. Zur Festigung verfassen die Schüler abschließend in Einzelarbeit eine Rollenbiografie. Dabei verwenden sie die Mindmap. Richtlinien zum Erstellen einer Rollenbiografie finden sich im Klett-Online-Bereich oder im Schülerbuch.
Zielvorstellungen/ Kompetenzbeschreibungen KV 4.2	Die Schülerinnen und Schüler erwerben und verfügen über folgende Kompetenzen. Sie - erfassen Charaktereigenschaften anhand von Textstellen. - schreiben einen Erzähltext in einen szenischen Text um und stellen diesen dar.
Durchführung/ Unterrichtsschritte KV 4.2	1. Die Textstelle wird in verteilten Rollen gelesen. 2. In Partnerarbeit erarbeiten die Schüler Charaktereigenschaften von Oskar und von Ricos Mama. Dabei gehen sie arbeitsteilig vor. 3. Die Auswertung der Aufgabe 2 sowie die Lösung der Aufgabe 3 erfolgen im Unterrichtsgespräch. 4. Die Schüler schreiben in Partnerarbeit den Erzähltext in einen szenischen Text um und stellen ihn anschließend szenisch dar. Als Hilfsmittel dient die Kompetenzbox. 5. Die Schüler setzen den möglichen Dialog zwischen Ricos Mama und Oskar fort und stellen ihn szenisch dar. Bei Zeitknappheit können diese Aufgaben auch wegfallen oder in die nächste Unterrichtsstunde verlagert werden. Es bietet sich auch an, alle Szenen in einer kleinen Theateraufführung darzustellen. Dies bedarf allerdings einen größeren Zeitaufwand.
Zielvorstellungen/ Kompetenzbeschreibungen KV 4.3	Die Schülerinnen und Schüler erwerben und verfügen über folgende Kompetenzen. Sie - analysieren den Filmtrailer. - erschließen einen Sachtext mit der Fünf-Gang-Lesemethode.
Durchführung/ Unterrichtsschritte KV 4.3	1. Die Schüler untersuchen die Darstellung von Rico und Oskar im Filmtrailer und vergleichen beide Figuren. In der Auswertung dieser Aufgabe soll das Unterrichtsgespräch auf die Hochbegabung Oskars und die daraus resultierenden Unterschiede gelenkt werden. 2. Die Schüler wenden die Fünf-Gang-Lesemethode am Sachtext an. Die Auswertung erfolgt im Plenum. 3. Die Schüler ermitteln in Partnerarbeit, welche im Sachtext erarbeiteten Merkmale auf Oskar zutreffen. 4. Ein erneuter Bezug zum Filmtrailer erfolgt am Ende der Unterrichtsstunde.

Lösungen

Kopiervorlage 4.1 → S. 14 f.

1. Gemeinsamkeiten:
   In beiden Medien erhält der Leser bzw. Zuhörer erste Informationen über Rico und sein Lebensumfeld, wobei diese im Roman etwas genauer sind.
   Unterschiede:
   Hörspiel:
   - Rico sucht eine Fundnudel auf der Straße, dabei begegnet er Oskar.
   - Rico erzählt ihm, dass er „tiefbegabt" ist, sich viele Dinge schwer merken kann und einen schlechten Orientierungssinn hat.
   - Rico wohnt in der Dieffe 93, er hat ein aufgeschlossenes Verhältnis zu seinen Nachbarn.
   - Frau Dahling kümmert sich oft um ihn, wenn seine Mama arbeiten muss, denn sein Vater ist bereits gestorben.

   Roman:
   - vor der Dieffe 93
   - Rico hat Fundnudel gefunden und möchte seine Nachbarn dazu befragen.
   - Fitzke nimmt ihm die Nudel weg und isst sie, was Rico sehr ärgert.
2. Individuelle Schülerlösungen
3. Mögliche Informationen in der Mindmap:
   - Familie: Mama Tanja alleinerziehend, Mama arbeitet im Nachtclub, Vater war Italiener, ist im Meer ertrunken, Rico verbringt viel Zeit bei Frau Dahling.
   - Wohnsituation: Berlin-Kreuzberg, Mietshaus, einfache Verhältnisse
   - Interessen und Vorlieben: sammelt Dinge, kann gut erzählen, neugierig, spielt gern Detektiv, notiert sich schwierige Wörter
   - Ängste: vor den „Tieferschatten", sich zu verlaufen, vor Wasser (weil sein Vater ertrunken ist), vor dem Keller (weil es dort nass ist)
   - Stärken: kann gut erzählen, aufgeschlossen, mutig
   - Schwächen: Konzentrationsschwäche, vergesslich, schlechter Orientierungssinn
   - Freunde: Mama, Frau Dahling, Oskar
4. Individuelle Schülerlösungen

Kopiervorlage 4.2 → S. 16 f.

1. Der Romanausschnitt wird in verteilten Rollen gelesen.
2.

Rollenkarte Ricos Mama
- *Name:* Tanja Doretti - *Aussehen:* lange, blonde Haare, enge Hosen, lange Fingernägel, lackierte Finger- und Fußnägel - *Was tut die Person gerade?* Ist in der Küche, mustert Oskar, verlässt die Küche, um sich die Zehennägel zu lackieren - *Was sagt die Person sinngemäß?* Wundert sich, warum Oskar einen Helm trägt - *Was denkt die Person?* Wundert sich über Oskars merkwürdiges Verhalten, erstaunt, dass Rico Besuch bekommt - *Was fühlt die Person?* Erstaunt, zögerlich

Rollenkarte Oskar
- *Name:* Oskar - *Aussehen:* klein, trägt blauen Motorradhelm und ein Hemd mit dem roten Flugzeuganstecker, grüne Augen - *Was tut die Person gerade?* Fixiert Ricos Mama, besserwisserisch - *Was sagt die Person sinngemäß?* Erklärt, weshalb er immer einen Helm trägt - *Was denkt die Person?* Fragt sich, ob Ricos Mama ihn mag - *Was fühlt die Person?* Unwohl, weil er beobachtet wird

3. unwohl, zurückhaltend, kommt nicht zu Wort, nervös, …

4.–6. Individuelle Schülerlösungen

Kopiervorlage 4.3 → S. 18 f.

1. - Beide Jungen sind sehr aufgeschlossen und freundlich.
   - Rico: durch seine Äußerungen und sein teils etwas plumpes Verhalten etwas naiv, dennoch mutig
   - Oskar: selbstbewusster, beharrt auf seinem Standpunkt, oft ängstlicher und vorsichtiger
   - Da Oskar hochbegabt ist, hinterfragt er viele Dinge und ist misstrauisch.
   - Rico nimmt viele Dinge einfach so hin, wie sie sind, ohne weiter darüber nachdenken.
2. Individuelle Schülerlösungen
3. hohe Intelligenz, gute Lernfähigkeit, herausragende Denk- und Problemlösefähigkeit (ließ sich vom Marrak entführen, um ihn als Entführer zu entlarven), außerordentliche Gedächtnisleistung, Detailwissen (kennt die genaue Entfernung von der Erde zum Mond, S. 83 f.), schnelle Auffassungsgabe, herausragende Sprechfähigkeit (verwendet viele Fremdwörter, S. 82), diskutiert gern, kritisch gegenüber Autoritäten (Begegnung mit Ricos Mama, S. 64 ff.), gern unabhängig, wenig Freunde (Rico ist sein einziger Freund)
4. Rico bezeichnet sich selbst als „tiefbegabt". Damit meint er das Gegenteil von Hochbegabung. Ihm fallen die Dinge also etwas schwerer und er benötigt mehr Zeit als andere Kinder in seinem Alter. Rico verwendet diese Bezeichnung synonym für eine Konzentrations- und Lernschwäche.

Modul 5: In Ricos Welt

Intention	Die Schüler lernen Rico und sein Lebensumfeld näher kennen. Neben der Charakteristik zentraler Figuren ist auch die Behandlung der Themen Freundschaft und Umgang mit Autoritäten relevant.
Zeitbedarf	1 Doppelstunde (KV 5.1), 1 Doppelstunde (KV 5.2), 1 Unterrichtsstunde (KV 5.3), 1 Unterrichtsstunde (KV 5.4)
Material	KV 5.1 (obligatorisch), KV 5.2 (fakultativ), KV 5.3 (obligatorisch), KV 5.4 (fakultativ)
Sozialformen	Unterrichtsgespräch/Partnerarbeit/Gruppenarbeit
Zielvorstellungen/ Kompetenzbeschreibungen KV 5.1	Die Schülerinnen und Schüler erwerben und verfügen über folgende Kompetenzen. Sie - erarbeiten sich Informationen aus dem Text. - erstellen Steckbriefe der Romanfiguren.
Durchführung/ Unterrichtsschritte KV 5.1	1. Im Unterrichtsgespräch wird geklärt, welche Hausbewohner die Schüler bereits kennen. Alternativ kann auch ein passender Ausschnitt aus dem Hörspiel angehört werden. 2. Die Lehrkraft liest den Schülern den Romanausschnitt vor. Die Schüler ergänzen das Schema entsprechend. Es ist wichtig, dass die/der Unterrichtende darauf achtet, dass die Schüler das Schema durch bloßes Zuhören ergänzen und nicht auf die entsprechende Seite im Roman blättern. 3. Die Schüler erstellen mithilfe der Guppenpuzzle-Methode Steckbriefe der Hausbewohner. Die Steckbriefe könnten am Ende für alle Gruppenmitglieder kopiert werden oder im Unterrichtsraum ausgehängt werden. 4. In Form eines Wettbewerbs stellen die Schüler die Mimik eines Bewohners dar. Die Klasse rät, welche Person gemeint sein könnte.
Zielvorstellungen/ Kompetenzbeschreibungen KV 5.2	Die Schülerinnen und Schüler erwerben und verfügen über folgende Kompetenzen. Sie - stellen die Beziehungen zwischen den Personen grafisch dar.
Durchführung/ Unterrichtsschritte KV 5.2	1. Die Schüler wiederholen alle Romanfiguren. 2. Die Beziehungen zwischen Westbühl, Ricos Mama und Rico werden mithilfe des Textausschnittes im Plenum erarbeitet. Die Lehrkraft sollte die Schülerinnen und Schüler bereits bei dieser Aufgabe darauf hinweisen, dass sie mit verschiedenen Pfeilen und Symbolen arbeiten können, um verschiedene Beziehungen darzustellen. 3. Bevor die Schüler anschließend die Konstellation des gesamten Romans darstellen, sollte die Lehrkraft den Begriff „Figurenkonstellation" erklären. Die Sicherung erfolgt mithilfe der erstellten Karteikarten im Unterrichtsgespräch an der Tafel. 4. Im Partnergespräch erklären sich jeweils zwei Schüler die Konstellation mithilfe der erstellten Übersicht. 5. Die Schüler verfassen einen inneren Monolog einer Romanfigur, in der diese über eine andere Figur nachdenkt.
Zielvorstellungen/ Kompetenzbeschreibungen KV 5.3	Die Schülerinnen und Schüler erwerben und verfügen über folgende Kompetenzen. Sie - klären die Bedeutung von Freundschaften. - untersuchen ausgewählte Textstellen.
Durchführung/ Unterrichtsschritte KV 5.3	1. Mithilfe der Blitzlicht-Methode, bei der die Schüler ihre Vorstellung von Freundschaft notieren, wird eine Diskussion angeregt. 2. Die Vorstellungen der Schüler werden mit Ricos Vorstellung verglichen. Es erfolgt in Form eines Schreibgesprächs in Partnerarbeit. 3. Im Unterrichtsgespräch werden weitere Textstellen herausgesucht, die die Freundschaft zwischen Rico und Oskar belegen. 4. Die Schüler hören sich das Titellied zum Kinofilm an und setzen es in Beziehung zum Inhalt des Romans.

Zielvorstellungen/ Kompetenzbeschreibungen KV 5.4

Die Schülerinnen und Schüler erwerben und verfügen über folgende Kompetenzen. Sie
- untersuchen die innere Handlung.
- erstellen ein Standbild.

Durchführung/ Unterrichtsschritte KV 5.4

1. Im Unterrichtsgespräch diskutieren die Schüler das Zitat und nennen eigene Erfahrungen.
2. Der zum Zitat passende Textausschnitt wird herausgesucht und gemeinsam gelesen.
3. Die Lehrkraft bespricht mit den Schülern das Vorgehen, um die innere Handlung einer Figur zu untersuchen.
4. Die Schüler untersuchen die innere Handlung des Textausschnitts und diskutieren ihre Ergebnisse.
5. In Gruppen stellen die Schüler den Textausschnitt als Standbild dar. Die Mitschüler bewerten das Standbild.
6. Eine mögliche Hausaufgabe ist die Fortsetzung des Dialogs.

Lösungen

Kopiervorlage 5.1 → S. 20 ff.

1. Individuelle Schülerlösungen
2. Mommsen, Jule und Berts und Massoud, Kesslers, Doretti, Kiesling, Dahling, Westbühl, Fitzke, Runge-Blawetzky, Marrak; vgl. Übersicht im Roman
3.

Name	Frau Dahling	Herr Kiesling	Herr Fitzke	Herr Mommsen
Wohnort	Dieffe 93	Dieffe 93	Dieffe 93	Dieffe 93
Familie	geschieden	ledig	lebt allein	lebt allein
Äußere Merkmale	lockige Haare	gepflegt	ungepflegt, alt, immer im Schlafanzug	–
Charaktereigenschaften	impulsiv, manchmal depressiv	eitel	unfreundlich	unzuverlässig, mürrisch
Fähigkeiten/Talente	macht gute Müffelchen	gut aussehend	–	–
Aktuelle Situation	lebt allein, arbeitet bei Karstadt hinter der Fleischtheke	Zahntechniker, fährt alten Porsche, einmal in der Woche beim Friseur	herzkrank, sammelt Steine	Hausmeister, meist betrunken

4.–5. Individuelle Schülerlösungen

Kopiervorlage 5.2 → S. 23

1. Rico, Ricos Mama, Oskar, Oskars Vater, Frau Dahling, Mommsen, Fitzke, Westbühl, Marrak, Kiesling, Ricos Lehrer, Sophia, Felix und Sven
2.

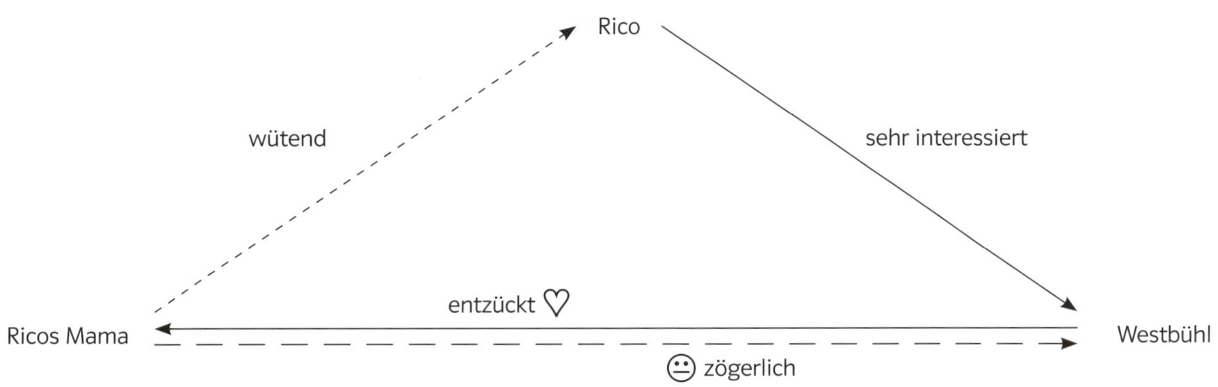

3.

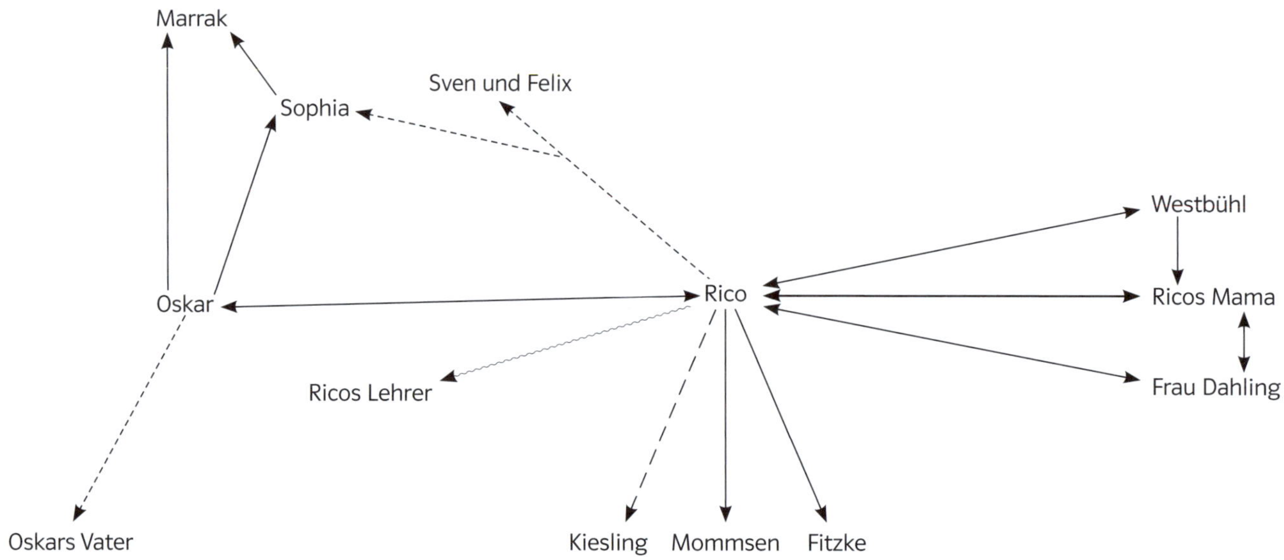

4.–5. Individuelle Schülerlösungen

Kopiervorlage 5.3 → S. 24

1. Individuelle Schülerlösungen
2. Rico ist der Meinung, dass echte Freunde sich gegenseitig vertrauen und immer füreinander Zeit haben, um möglichst viele schöne Dinge gemeinsam zu erleben.
3. Individuelle Schülerlösungen
4. In dem Lied „Mein Kopf spielt Bingo" werden zum einen Ricos Schwächen aufgezeigt. Dazu gehören seine Lernschwäche, seine Angst im Dunkeln oder sein fehlender Orientierungssinn. Zum anderen geht es jedoch auch darum, dass er in Oskar einen sehr guten Freund gefunden hat, der ihm hilft, diese Schwächen zu überwinden, da sich beide Jungen sehr gut ergänzen.

Kopiervorlage 5.4 → S. 25 f.

1.–2. Einordnung des Zitats: S. 75–77, die Auseinandersetzung zwischen Rico, Oskar und Fitzke

3. Rico:
   - angeekelt (wegen des üblen Geruchs aus Fitzkes Wohnung)
   - ängstlich (weil sich Oskar mit Fitzke anlegt)
   - sauer (weil Oskar nicht auf ihn hört)

   Oskar:
   - vorsichtig (klappt Visier herunter, als Fitzke ihn anspricht)
   - mutig, schlagfertig (spricht mit Fitzke)
   - entschlossen (klingelt bei Fitzke)
   - wütend (weil Fitzke ihn beleidigt hat)

   Fitzke:
   - wütend (wegen Lärm gestört)
   - erstaunt (über Oskars Antwort)

4.–5. Individuelle Schülerlösungen

Modul 6: Dem Täter auf der Spur

Intention	Die Schüler nehmen gemeinsam mit Rico die Suche nach dem Täter auf. Dabei werden die typischen Elemente eines Detektivromans aufgegriffen und für die Schüler kreativ umgesetzt.
Zeitbedarf	1 Unterrichtsstunde (KV 6.1), 1 Doppelstunde (KV 6.2), 1 Doppelstunde (KV 6.3), 1 Doppelstunde (KV 6.4), 1 Doppelstunde (KV 6.5)
Material	KV 6.1 (obligatorisch), KV 6.2 (obligatorisch), KV 6.3 (fakultativ), KV 6.4 (obligatorisch), KV 6.5 (obligatorisch)
Didaktische Hinweise	Es bietet sich an, dass die Schüler als vorbereitende Hausaufgabe zu KV 6.3 eine Nachrichtensendung verfolgen.
Sozialformen	Unterrichtsgespräch/Einzelarbeit/Partnerarbeit/Gruppenarbeit
Zielvorstellungen/ Kompetenzbeschreibungen KV 6.1	Die Schülerinnen und Schüler erwerben und verfügen über folgende Kompetenzen. Sie – skizzieren den Handlungsverlauf.
Durchführung/ Unterrichtsschritte KV 6.1	1. In Gruppenarbeit lesen die Schüler ausgewählte Textstellen und sammeln Hinweise zu den Indizien. 2. Im Plenum werden die Ergebnisse zusammengetragen und ausgewertet. 3. In Partnerarbeit erarbeiten die Schüler ein mögliches Telefonat Ricos beim Notruf.
Zielvorstellungen/ Kompetenzbeschreibungen KV 6.2	Die Schülerinnen und Schüler erwerben und verfügen über folgende Kompetenzen. Sie – erschließen den Charakter einer Figur. – vergleichen Hörspiel und Roman.
Durchführung/ Unterrichtsschritte KV 6.2	1. Die Schüler lesen den Textausschnitt gemeinsam. 2. Die Schüler lesen in Einzelarbeit den Textausschnitt und charakterisieren Simon Westbühl mithilfe der Hinweise in der Kompetenzbox. 3. Die Ergebnisse werden im Unterrichtsgespräch gesichert. 4. Die Schüler verfassen einen inneren Monolog Ricos. 5. Die Schüler vergleichen den Textausschnitt mit dem Hörspiel und positionieren sich dazu auf der Meinungslinie.
Zielvorstellungen/ Kompetenzbeschreibungen KV 6.3	Die Schülerinnen und Schüler erwerben und verfügen über folgende Kompetenzen. Sie – erarbeiten eine eigene Nachrichtensendung.
Durchführung/ Unterrichtsschritte KV 6.3	1. Die Schüler sammeln wichtige Informationen, die in einer Nachrichtensendung enthalten sein müssen, und erarbeiten eine eigene Nachrichtensendung. 2. Die Schüler präsentieren ihre Nachrichtensendungen vor der Klasse und schätzen ihre Arbeiten gegenseitig ein. Sie positionieren sich zur Relevanz von Nachrichtensendungen.
Zielvorstellungen/ Kompetenzbeschreibungen KV 6.4	Die Schülerinnen und Schüler erwerben und verfügen über folgende Kompetenzen. Sie – untersuchen den Spannungsaufbau. – verfassen einen inneren Monolog. – vergleichen Hörspiel und Roman.
Durchführung/ Unterrichtsschritte KV 6.4	1. Die Schüler hören sich den Hörspielauszug an. Sie beschreiben Ricos Weg zu Oskar und geben an, mit welchen Mitteln im Hörspiel Spannung erzeugt wird. 2. Vergleichend lesen sie den passenden Textauszug und untersuchen den Spannungsaufbau. Der Vergleich erfolgt in Partnerarbeit. 3. Die Schüler verfassen einen Monolog Oskars, als er im Hinterhaus gefangen ist.

Zielvorstellungen/ Kompetenzbeschreibungen KV 6.5	Die Schülerinnen und Schüler erwerben und verfügen über folgende Kompetenzen. Sie - schreiben einen Bericht.
Durchführung/ Unterrichtsschritte KV 6.5	1. Die Schüler lesen den Romanauszug und ergänzen die Protokollseite bei Ricos Befragung. 2. Mithilfe der Notizen verfassen die Schüler in Einzelarbeit einen Bericht. 3. Die Methode der Textlupe dient der Textkorrektur und wird von den Schülern angewendet. 4. Die Schüler erarbeiten sich Marraks Motive für seine Taten und positionieren sich dazu.

Lösungen

Kopiervorlage 6.1 → S. 27

1. das rote Flugzeug
- winziges knallrotes Flugzeug
- Eine Flügelspitze ist abgebrochen.
- Oskar trug sie als Anstecker an seinem Hemd.
- Der vermeintliche rote Erdbeersoßenfleck auf Sophias T-Shirt war der Flugzeuganstecker, den sie trug.
- Rico findet den Flugzeuganstecker in der Mülltonne.
- Rico vermutet, dass er sich von Oskars Hemd gelöst hat, als sie auf der Dachterrasse waren.

Marrak und Bühl
- Marrak trägt einen roten Anzug mit einem goldenen Tresor, denn er arbeitet bei einer Sicherheitsfirma.
- Marrak besitzt die Schlüssel für das Hinterhaus, wohin man über Marraks Dachterrasse gelangt.
- Marrak trägt immer einen großen Wäschesack mit sich herum, Rico nimmt zunächst an, dass er seine Wäsche nicht selbst waschen kann.
- Bühl ist neu im Haus. In seiner Wohnung entdeckt Rico einen Stadtplan Berlins, in dem alle Orte der Entführungen rot eingekreist waren.
- Rico belauscht ein Telefonat des Bühl, in dem es um 2000 € und einen entführten Jungen geht.

Tieferschatten
- Das Hinterhaus ist durch ein neues Sicherheitsschloss verschlossen.
- Im Hinterhaus beobachtet Rico von seinem Zimmer aus merkwürdige Schatten.
- Sophia erzählt Rico von einem grünen Zimmer und dem Klimpermann.

2.
- Wer ruft an? Federico Doretti
- Wo ist der Einsatzort? Dieffenbachstraße 93, Berlin-Kreuzberg
- Was ist passiert? Entführungsfall Mister 2000, Oskar wurde entführt, der Täter ist Marrak
- Wie viele Verletzte? evtl. Oskar

Kopiervorlage 6.2 → S. 28 ff.

1.–2.
- direkte Charakterisierung: groß, schlank, kurze schwarze Haare, blaue Augen, am Kinn eine kleine Narbe
- indirekte Charakterisierung: freundlich, interessiert, verzückt von Ricos Mama, mag Rico

3. Individuelle Schülerlösungen

4. Gemeinsamkeiten:
- Ricos Mama ist gerade aufgestanden.
- Rico öffnet die Tür.
- Westbühl stellt sich ihm vor, Rico ruft seine Mama.
- Tanja bietet dem Bühl einen Kaffee an.
- Rico stellt ihm viele Fragen, bis er von seiner Mama weggeschickt wird.

Unterschiede:
- Im Hörspiel ist Tanja in der Küche und redet mit Rico.
- Im Roman geht sie erst ins Bad, als der Bühl hereingekommen ist.
- Im Hörspiel können Ricos Gedanken nicht so gut verdeutlicht werden wie im Roman.

5. Individuelle Schülerlösungen

Kopiervorlage 6.3 → S. 31

1. Die Schüler beantworten die W-Fragen: Wer? Was? Wo? Wie? Warum?

2.–4. Individuelle Schülerlösungen

Kopiervorlage 6.4 → S. 32 f.

1. Marraks Wohnung (Schlüssel), Dachterrasse, Hinterhaus
Spannung wird erzeugt durch Geräusche, Musik, Ricos Atmen.

2. Atmosphäre: dunkel (Rico hat Angst im Dunkeln), Kälte, muffiger Geruch
Ricos Gefühle: aufgeregt (Herzschlag), Angst (Schweiß)
Sprachliche Besonderheiten: Aufzählungen, Ausrufe Ricos an sich selbst, genaue Beschreibungen

3. Im Roman: Beschreibungen Ricos, oft fantasievoll
Im Hörspiel: durch Ton und Musik

4. Individuelle Schülerlösungen

Kopiervorlage 6.5 → S. 34 f.

1.
- *Was?* Flucht vor dem Entführer Mister 2000
- *Wer?* Frederico Doretti, Oskar, Marrak
- *Wann?* Mittwochnacht
- *Wo?* Dieffenbacherstraße 93, Innenhof
- *Wie?* Flucht aus dem Hinterhaus bis zur Tür, Sturz im Innenhof, weiter bis zur klemmenden Tür zum Vorderhaus, Polizei ruft aus dem Haus, von Marrak bewusstlos geschlagen
- *Warum?* Oskar retten
- *Welche Folgen?* Gehirnerschütterung, Krankenhausaufenthalt

2. Individuelle Schülerlösungen

3. Er will darauf hinweisen, dass Eltern besser auf ihre Kinder aufpassen sollen und dass viele Kinder vernachlässigt werden, Geld spielte keine Rolle.

Modul 7: Rico im Kino

Intention	Der Kinofilm dient als Ergänzung zum Roman. Für die Schüler sind Verfilmungen motivierend, da sich Filme meist stärker an ihre Lebenswelt annähren. Darüber hinaus eignet sich der Film gut, um eine vergleichende Analyse durchzuführen.
Zeitbedarf	1 Unterrichtsstunde (KV 7.1), 1 Unterrichtsstunde (KV 7.2), 1 Unterrichtsstunde (KV 7.3)
Material	KV 7.1 (obligatorisch), KV 7.2 (fakultativ), KV 7.3 (fakultativ)
Didaktische Hinweise	Verschiedene Filmausschnitte sind im Internet verfügbar.
Sozialformen	Unterrichtsgespräch/Einzelarbeit/Gruppenarbeit
Zielvorstellungen/ Kompetenzbeschreibungen KV 7.1	Die Schülerinnen und Schüler erwerben und verfügen über folgende Kompetenzen. Sie - vergleichen Schauspieler und Romanfiguren. - diskutieren die filmische Umsetzung.
Durchführung/ Unterrichtsschritte KV 7.1	1. Die Schüler sprechen im Plenum über bereits bekannte Romanverfilmungen. 2. Die Schüler ordnen jedem abgebildeten Schauspieler einer Romanfigur zu und positionieren sich zur tatsächlichen Besetzung. 3. Die Schüler untersuchen den Filmtrailer und nennen bereits bekannte Szenen aus dem Roman.
Zielvorstellungen/ Kompetenzbeschreibungen KV 7.2	Die Schülerinnen und Schüler erwerben und verfügen über folgende Kompetenzen. Sie - ordnen Filmszenen der Romanhandlung zu. - vergleichen eine Szene mit dem Roman.
Durchführung/ Unterrichtsschritte KV 7.2	1. Jede Schülergruppe untersucht einen Filmausschnitt. Die Schüler beschreiben die Handlung der Szene und ordnen sie in den Roman ein. 2. Anschließend erfolgt ein Vergleich mit der passenden Textstelle. 3. Die Ergebnisse der Gruppenarbeit werden im Unterrichtsgespräch ausgewertet. Die Qualität der filmischen Umsetzung wird diskutiert.
Zielvorstellungen/ Kompetenzbeschreibungen KV 7.3	Die Schülerinnen und Schüler erwerben und verfügen über folgende Kompetenzen. Sie - analysieren eine Szene. - untersuchen die Kameraperspektive und die Einstellungsgrößen.
Durchführung/ Unterrichtsschritte KV 7.3	1. Gemeinsam schauen sich die Schüler einen Filmausschnitt an. 2. Mithilfe der Kompetenzbox informiert die Lehrkraft die Schüler über Kameraperspektiven und Einstellungsgrößen. 3. Die Schüler sehen sich verschiedene Filmausschnitte an und bestimmten die Kameraperspektiven und die Einstellungsgrößen. Sie stellen die Szene als Skizze dar und beschreiben die Wirkung der filmsprachlichen Mittel. 4. Die Schüler beschreiben eine eigene Möglichkeit, die Filmszene umzusetzen.

Lösungen

Kopiervorlage 7.1 → S. 36

1. Individuelle Schülerlösungen
2. Rico, Fitzke, Frau Dahling, Ricos Mama, Oskar, Bühl, Marrak, Kiesling
3. Erste Begegnung, Oskars Gespräch mit Ricos Mama, Konflikt mit Fitzke, auf der Dachterrasse, in Bühls Wohnung, Rico entdeckt den Flieger, …

Kopiervorlage 7.2 → S. 37

1. - Filmausschnitt Nr. 1: S. 63 f.
- Filmausschnitt Nr. 2: S. 75 f.
- Filmausschnitt Nr. 3: S. 61 f.
- Filmausschnitt Nr. 4: S. 17 f.
- Filmausschnitt Nr. 5: S: 9 f.

2.–3. Individuelle Schülerlösungen

Kopiervorlage 7.3 → S. 38 f.

1.–4. Individuelle Schülerlösungen

Modul 8: Rezeption und Wirkung

Intention	Dieses Modul befasst sich zum einen mit dem Leben und Werk des Autors Andreas Steinhöfel und zum anderen mit der Wirkung des Romans.
Zeitbedarf	1 Unterrichtsstunde (KV 8.1), 1 Doppelstunde (KV 8.2)
Material	KV 8.1 (obligatorisch), KV 8.2 (fakultativ)
Didaktische Hinweise	Da der Autor selbst aktiv einen Blog im Internet betreibt, kann dieser in den Unterricht integriert werden. So können beispielsweise die Briefe im Blog von den Schülern veröffentlicht werden.
Sozialformen	Unterrichtsgespräch/Einzelarbeit/Partnerarbeit/Gruppenarbeit
Zielvorstellungen/ Kompetenzbeschreibungen KV 8.1	Die Schülerinnen und Schüler erwerben und verfügen über folgende Kompetenzen. Sie – lernen Leben und Werk des Autors kennen. – verfassen einen Brief an den Autor.
Durchführung/ Unterrichtsschritte KV 8.1	1. Im Internet recherchieren die Schüler Informationen über Andreas Steinhöfel. Die Ergebnisse werden im Unterrichtsgespräch ausgewertet und von der Lehrkraft an der Tafel notiert. 2. In Einzelarbeit werten die Schüler das Interview aus. Sie positionieren sich zu besonders interessanten Antworten und ergänzen weitere Fragen. 3. Die Schüler schreiben in Einzelarbeit einen Brief an Andreas Steinhöfel.
Zielvorstellungen/ Kompetenzbeschreibungen KV 8.2	Die Schülerinnen und Schüler erwerben und verfügen über folgende Kompetenzen. Sie – untersuchen die Wirkung des Romans.
Durchführung/ Unterrichtsschritte KV 8.2	1. Die Schüler lesen die Rezension zum Roman und markieren Textstellen, an denen die Meinung des Rezensenten deutlich wird. In Form einer Partnerarbeit werden die Ergebnisse verglichen. 2. Die Schüler geben die Meinung der Rezensentinnen mit eigenen Worten wieder. 3. Sie untersuchen die Rezension mithilfe der Kompetenzbox nach den relevanten Merkmalen dieser Textsorte. 4. Die Schüler verfassen eine eigene Rezension. Sie wählen selbst, auf welches Medium sie sich beziehen. 5. Mithilfe einer Schreibkonferenz werden die Rezensionen in Partnerarbeit kontrolliert und anschließend im Plenum vorgetragen.

Lösungen

Kopiervorlage 8.1 → S. 40 f.

1.–3. Individuelle Schülerlösungen

Kopiervorlage 8.2 → S. 42 f.

1.
- Geschichte einer Freundschaft, authentischer Lebenshintergrund
- zum Miträsteln, für Groß und Klein geeignet
- sehr schöne Illustrationen
- dynamische, witzige Sprache

2. Alle Kriterien sind enthalten, nur die Aufmachung des Buches wird nicht thematisiert.

3. Individuelle Schülerlösungen

Klassenarbeitsvorschläge

Intention	Dieses Modul liefert zwei Klassenarbeiten, die am Ende der Unterrichtseinheit eingesetzt werden können.
Zeitbedarf	1 Doppelstunde (KV 9), 1 Doppelstunde (KV 10)
Material	KV 9 (fakultativ), KV 10 (fakultativ)
Sozialform	Einzelarbeit
Zielvorstellungen/ Kompetenzbeschreibungen KV 9	Die Schülerinnen und Schüler erwerben und verfügen über folgende Kompetenzen. Sie - analysieren einen Filmausschnitt. - bestimmen Kameraperspektiven und Einstellungsgrößen. - verfassen einen Dialog.
Zielvorstellungen/ Kompetenzbeschreibungen KV 10	Die Schülerinnen und Schüler erwerben und verfügen über folgende Kompetenzen. Sie - erstellen eine Mindmap. - beschreiben die Figurenbeziehungen. - schreiben einen inneren Monolog. - vergleichen Hörspiel und Roman.

Lösungen

Kopiervorlage 9 → S. 44 f.

1. Oskar: hochbegabt, kennt den Weg, läuft zielstrebig, ist sehr vorsichtig, sieht immer mehrmals nach rechts und links, bevor er über die Straße geht, skeptisch, sehr viel Detailwissen
   Rico: „tiefbegabt", folgt Oskar, da er selbst den Weg nicht kennt, unbeschwert, fröhlich
2. Beide Jungen ergänzen sich sehr gut, waren aufgrund ihrer Eigenarten bisher Einzelgänger, akzeptieren die Schwächen des anderen.
   Dialog zwischen Rico und Frau Dahling: individuelle Schülerlösungen, zu beachten ist, dass die Sprache Ricos und Frau Dahlings eingehalten wird, Rico beschreibt Oskar, Frau Dahling hört aufmerksam zu.
3. Individuelle Schülerlösungen in Abhängigkeit von den gewählten Filmszenen

Kopiervorlage 10 → S. 46 f.

1. Mögliche Informationen:
   - Familie: Sohn Rico, alleinerziehend, Bruder Christian (krebskrank, stirbt)
   - Wohnsituation: Dieffenbachstraße 93, Berlin-Kreuzberg, einfache Verhältnisse
   - Arbeit: Kellnerin in einem Nachtklub
   - Stärken: liebt Rico, sorgt sich um ihren Sohn
   - Schwächen: hat wenig Zeit für Rico
2. Ricos Mama hat aufgrund ihrer Arbeit wenig Zeit für Rico, weshalb Rico sehr auf sich allein gestellt ist. Dennoch kümmert sie sich gut um ihn und sorgt sich um sein Wohlbefinden. Rico akzeptiert, wenn seine Mutter wenig Zeit hat, und versucht auch ihr unter die Arme zu greifen.
   Rico sieht seine Mutter als eine Freundin an, der er alles erzählen kann, die ihm zuhört und für ihn da ist.
3. Individuelle Schülerlösungen
4. Gemeinsamkeiten: Ricos Mama erkundigt sich nach Rico, sie reden über Mister 2000
   Unterschiede: Im Hörspiel begutachtet Ricos Mama nicht ihre Brüste, sie fragt nur kurz nach Rico und geht nicht näher auf seine Frage nach Mister 2000 ein, sie wirkt unbeschwert, während die Sorgen von Rico ausgehen.
   Abweichungen ergeben sich zum Beispiel aus der Kürzung des Hörspiels im Vergleich zum Roman, so müssen bestimmte Aspekte zusammengefasst werden. Außerdem können Gefühle und Gedanken der Figuren im Hörspiel nur schwer zum Ausdruck gebracht werden.

Bildquellennachweis

KV 1.1 Andreas Steinhöfel: Rico, Oskar und die Tieferschatten. Coverillustration von Peter Schössow © Carlsen Verlag GmbH, Hamburg 2008; **KV 5.3** Andreas Steinhöfel, Rico, Oskar und die Tieferschatten, Illustrationen: Peter Schössow, © Carlsen Verlag GmbH, Hamburg 2008;
KV 7.1.m.l.; KV 7.1.o.m.; KV 7.1.u.r. Imago (Future Image), Berlin;
KV 7.1.m.m.; KV 7.1.u.l. Interfoto (NG Collection), München;
KV 7.1.m.r. Imago, Berlin;
KV 7.1.o.l. Interfoto (NG collection), München;
KV 7.1.o.r. Ullstein Bild GmbH (Galuschka), Berlin;
KV 8.1 laif (Martin Lengemann), Köln

Sollte es in einem Einzelfall nicht gelungen sein, den korrekten Rechteinhaber ausfindig zu machen, so werden berechtigte Ansprüche selbstverständlich im Rahmen der üblichen Regelungen abgegolten.